TOUJOURS TROP OU PAS ASSEZ

EN FINIR AVEC LA RHÉTORIQUE FOIREUSE DU PATRIARCAT

www.mangoeditions.com
Dépôt légal : septembre 2022

LOU SARABADZIC
MARKO MILLE

TOUJOURS TROP OU PAS ASSEZ

EN FINIR AVEC LA RHÉTORIQUE FOIREUSE DU PATRIARCAT

MANGO Society

SOMMAIRE

Introduction 6

Trop ou pas assez... belle 30
Trop ou pas assez... naturelle 36
Trop ou pas assez... douce 43
Trop ou pas assez... souriante 50
Trop ou pas assez... habillée 59
Trop ou pas assez... musclée 64
Trop ou pas assez... entreprenante 71
Trop ou pas assez... naïve 80
Trop ou pas assez... bavarde 87
Trop ou pas assez... ambitieuse 93
Trop ou pas assez... indépendante 100
Trop ou pas assez... maniaque 106
Trop ou pas assez... jalouse 114
Trop ou pas assez... maternelle 122
Trop ou pas assez... féministe 131

Les fiches techniques de La Traverse 143
Lexique 163
Bonus 169

Studio La Plaine-Lumière, 13h54
STUDIO LA PLAINE
Bon alors pour toutes les participantes... Soyez sou-ri-antes, et pour le reste, la caméra se charge de vous sublimer... !
Faites confiance à notre animateur, et tenez-vous prêtes dans l'ordre de passage qu'on vous a donné.
PSSSST
Tiens, lis ça !

LA TRAVERSE
Tous les jours, en coulisses comme en pleine lumière, vous serez témoins de la rhétorique foireuse du patriarcat. Insidieuse, fière ou banalisée, elle affecte nos vies et nos conversations, nos carrières, nos choix, nos réflexions, nos complexes. Marre de tout ça ? Contactez-nous à La Traverse.
Rho c'est pas vrai ! Encore cette merde !!
Rien à voir ici, hop.
C'est à toi dans 2 minutes !
Oh, ok...

Bouge pas !
SILENCE !

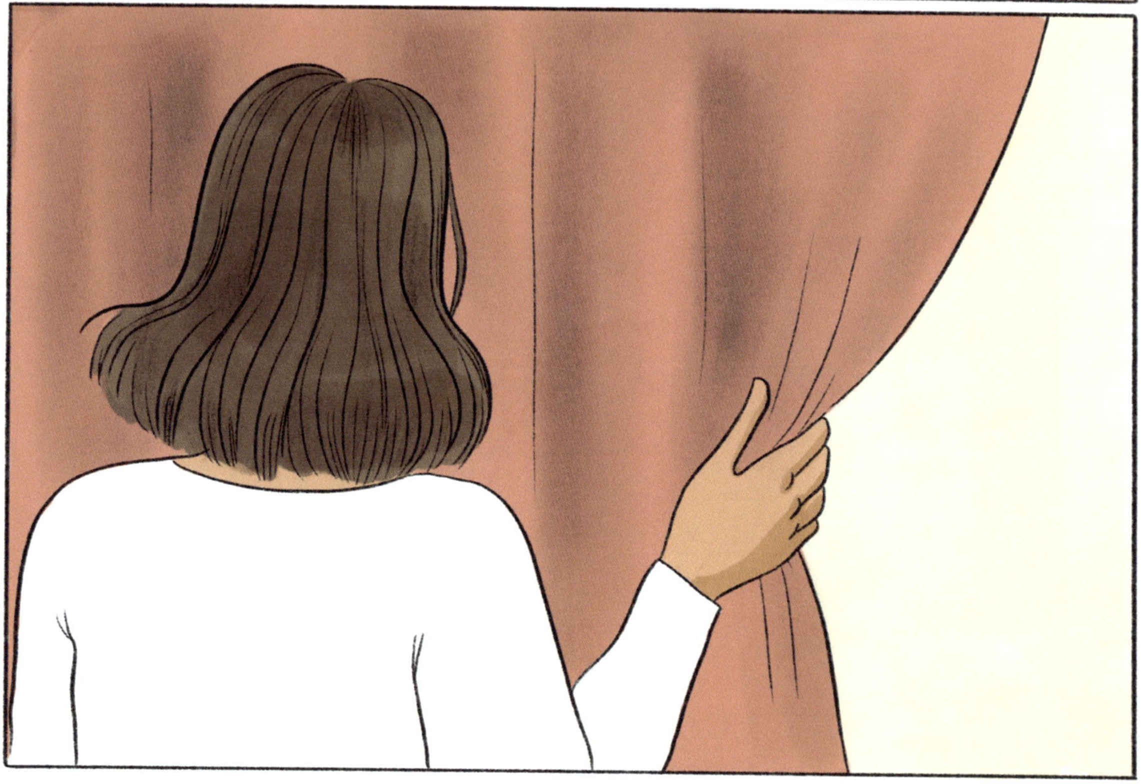

Non mais cherchez pas. Les femmes ont toujours tort.
TAIS-TOI
SI NAÏVE
TROP CHIANTE
ARROGANTE
SUPERFICIELLE
NÉGLIGÉE
FINIE
HYSTÉRIQUE
RIDICULE
J'AURAIS PAS DIT ÇA...
PAS
VUL-GAIRE
Bienvenue à vous, cher public, à votre émission LA ROUE DE CES DAMES !
On accueille notre première privilégiée...
Mmmh...
VUL-GAIRE
PAS
ÉMININ, ÇA...
J'AURAIS PAS DIT ÇA...

ÉLODIE ! 37 ans, qui entame les festivités de la journée, bienvenue Élodie !
Bonsoiiiiiiir !
Alors, Élo, comme ça on est pédiââââtre ?
Oui, et j'adore mon métier !
Mesdames à la maison, n'oubliez pas : nul besoin d'être « docteure », vous avez l'instinct maternel !
PAS FÉMIN ÇA...
VUL-GAIRE
Et c'est parti ! Lapin, fais tourner la roue.
La roue de ces dames

Quoi qu'elles fassent et quoi qu'elles disent
Quoi qu'elles portent et quoi qu'elles aiment
NEGLIGEE
Mais !
Hey !
SI NAÏVE
TAIS-TOI
VUL-GAIRE
PAS FÉMININ, ÇA...
J'AURAIS PAS DIT ÇA...
RIDICULE
HYSTÉRIQUE FINIE
HYSTERIQUE FINIE !
La roue a parlé pour vous, Élo.
C'est Élodie, merde !

Et au cas où ça ne leur suffirait pas, de leur donner toujours tort, rassurez-vous aussi là-dessus : elles le savent, qu'elles ont tort, on a suffisamment rodé le système pour s'assurer qu'elles passent bien leur vie entière à se dire qu'elles ne sont pas assez comme ceci, ou qu'elles sont trop comme cela. Parfois les deux en même temps.
Et voici votre lot gagnant !
Je pense donc j'ai tort
Tu nous coupes ça, Eudes ?
La folle, là...

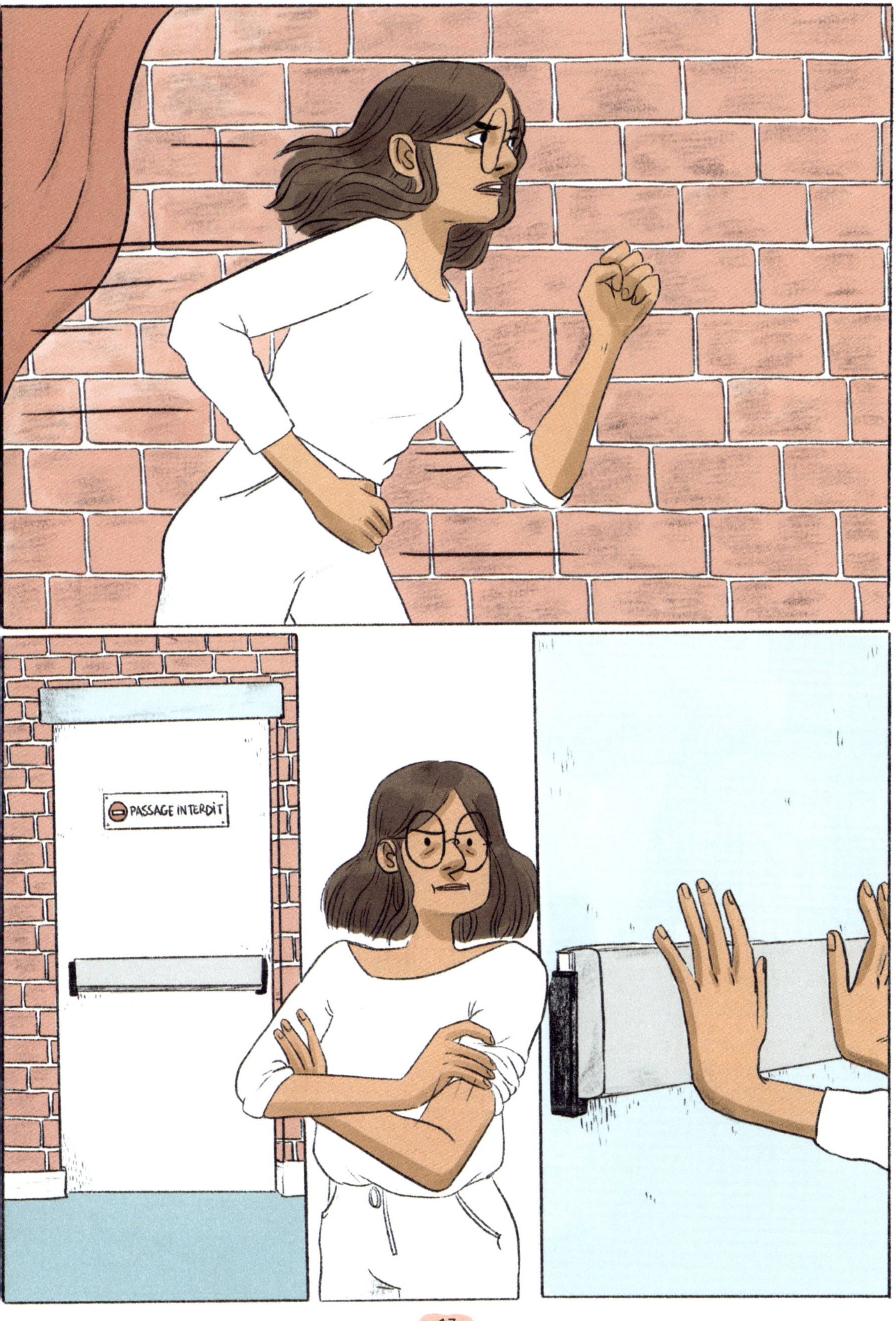
PASSAGE INTERDIT

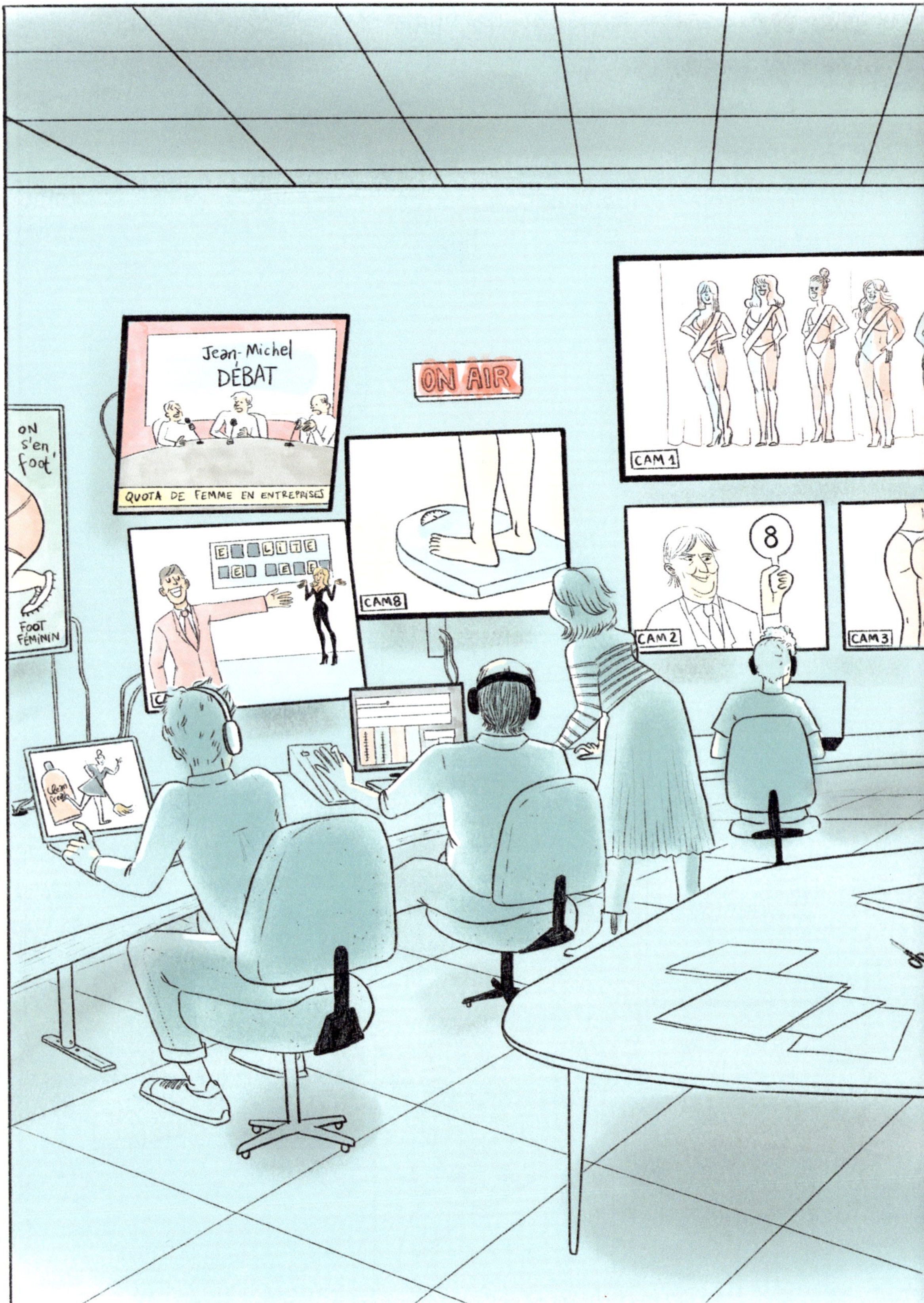
ON s'en foot'
FOOT FÉMININ
Jean-Michel DÉBAT
QUOTA DE FEMME EN ENTREPRISES
ON AIR
CAM 1
CAM8
8
CAM2
CAM3

Scusez
Où est la sortie ?
Hin hin
LAISSEZ-MOI SORTIR DE CE CAUCHEMAR !!!
Wow !
S'il vous plaît, indiquez-moi la SORTIE.
Déjà, vous n'avez rien à faire ici
Mais puisque je suis là...
Pssssst !
?

HEY !
Par ici !
Salut Élodie.

Qu'est-ce que... ?
Moi c'est Mia. Et nous, c'est La Traverse.
Tu croyais quand même pas qu'on avait abandonné la partie ?
La partie ?
Mais je... je veux l'abandonner, moi, la partie !
Alors pas de problème, tu peux rester là tranquille.
On n'est pas toutes au front.
Au front de quoi ?
Au front pour lutter contre la rhétorique foireuse du patriarcat.
Tout ce que tu vois derrière cette porte.
Et vous vous battez comment ? Avec quoi ?
Il y a de tout.
Et tu peux appartenir à autant de groupes que tu veux aussi...
Moi, je suis par exemple dans le groupe des redesigneuses.

Des redi...
On redesigne les plateaux, si tu veux...
Pour les rendre moins sexistes, ou du moins pour que les boss se rendent compte qu'ils n'ont pas non plus le champ libre...
Mais, la roue que j'ai tournée ?
Justement, on s'en occupe ce soir !
Tu peux venir, si tu veux.
Oh oui, j'ai deux ou trois idées...
ça me passe au-dessus
On a dit qu'on vous emmerde
rien à faire
museau
chut
bla bla bla
mieux sans vous
on s'en fout
on vous emmerde

Et ça, c'est quoi ?
Ce sont les prorepartie.
Elles forment les meufs qui veulent répondre, travailler leur repartie.
Oh génial ! J'ai toujours pensé qu'il ne fallait pas se laisser faire !
Se laisser faire ?
Ben oui ! Ne rien répondre, c'est se laisser faire !
Là je t'arrête tout de suite. Ici, on ne croit pas que ne rien répondre, c'est se laisser faire.
Mais si tu les laisses dire...
Non. C'est comme le céder qui n'est pas consentir.
Bien sûr ! J'ai pas dit ça !
Dans ce cas là, c'est évident. Il faut parler ensuite si on n'a pas pu pendant.
Tu es sûre ? C'est souvent aux victimes qu'on reproche de ne pas avoir réagi comme il faut.
Toujours à elles de.

Ici, quelle que soit la violence en question, pas d'injonction à la manière d'y répondre ou de la mettre en récit. Tout le monde a sa propre façon de réagir...
...toutes sont légitimes.
Mais quand même, si vous êtes une armée en lutte, il faut bien une marche à suivre, non ?
Une discipline ? Des mots d'ordre ?
C'est un peu plus compliqué que ça. Regarde, par exemple, ici c'est le groupe des anti-trolls.
Des anti...trolls...
Oui, qui gèrent les trolls, les gens qui font des commentaires juste pour foutre leur merde.
Oh !
Et comme tu vois, il y a plein de façons d'y répondre :

T'es moche !
Ca va pas se sucer tout seul !!
Salope, va !
Tu
Bois mes règles.
Mais
FTG, raclure
Je m
Mange mon coude.
Non mais regardes à quoi tu ressembles !!!
Oh merci, j'adore cette jupe justement
C'est vraiment une jupe de saloooope !
Je suis trop contente qu'elle te plaise !
Tu entends quelque chose, toi ?
Que dalle.

Parfois, ne rien dire et continuer sa vie quand c'est possible, ça peut être un immense moyen de résistance.
Mais oui ! J'en ai tellement marre aussi de passer mon temps à éduquer des blaireaux !
Ici, tu peux passer ton temps à faire autre chose…
Comme lire, tiens, par exemple !
« Fuck the patriarchy. »
Mona Eltahawy
« […] aujourd'hui je me concentre sur les droits des femmes et l'éducation des filles parce que ce sont elles qui souffrent le plus. Il fut un temps où des femmes militantes ont demandé à des hommes de se lever pour défendre leurs droits. Mais, cette fois, nous allons le faire nous-mêmes. »
Malala Yousafzai
« La fonction, la très sérieuse fonction du racisme, est la distraction. Il vous empêche de faire votre travail. Il vous pousse à expliquer, encore et toujours, votre raison d'être. Quelqu'un dit que vous n'avez pas de langue, alors vous passez 20 ans à prouver que vous en avez. Quelqu'un dit que votre tête n'est pas correctement formée, alors vous avez des scientifiques qui travaillent pour démontrer le contraire. Quelqu'un dit que vous n'avez pas d'art, alors vous ressortez tout cela. Rien de tout cela n'est nécessaire. Ils auront toujours à redire. »
Toni Morrison

Et vous vous battez toutes pour la même chose ?
On se bat pour toutes les femmes surtout.
Vous êtes universalistes alors ?
C'est l'inverse. Nous ne sommes pas « universalistes » précisément parce que nous croyons que le féminisme, par définition, a vocation à l'universel
« Mon point de vue est situé. Comme tous les points de vue, y compris quand ils prétendent ne pas l'être et représenter le monde. Je m'adresse à tout le monde, mais en faisant de mon point de vue minoritaire et périphérique le point de vue central. Mon point de vue est situé, mais je veux changer le monde entier. C'est dans ce sens, et à cette condition, que la proposition politique que je développe dans ce livre est universelle. »
Fatima Ouassak dans *La Puissance des mères*
« Les femmes de couleur, les femmes queer et les femmes transgenres devraient être mieux intégrées dans le projet féministe. Les femmes de ces groupes ont été honteusement abandonnées par le Féminisme avec un grand F, et à de nombreuses reprises. C'est une vérité crue, et douloureuse. Beaucoup de personnes se fondent là-dessus pour résister au mouvement, pour tenter de s'écarter de lui. Croyez-moi, je les comprends. Pendant des années, j'avais décidé que le féminisme n'était pas pour moi, une femme noire, une femme qu'on a identifiée en tant que queer à divers moments de sa vie, car historiquement le féminisme s'est surinvesti dans l'amélioration des conditions de vie des femmes blanches et hétérosexuelles au détriment de toutes les autres. »
Roxane Gay dans *Bad Feminist*

L'atelier maquillage...
Très cool !
Les femmes ont mille manières de lutter. Ça n'empêche pas de continuer à s'interroger, au contraire.
Et puis tout n'a pas à être une lutte, en fait. On nous demande tellement, sans arrêt, de nous justifier, qu'on a tendance à l'oublier...
atelier mode
... alors même que toute justification sera considérée irrecevable, puisque ce qui compte, ce n'est pas ce qu'on dit, mais qui le dit.

Ce n'est pas en niant nos doutes et nos insécurités qu'on avance. Au contraire.
Il ne s'agit pas d'être plus mince, mais d'en finir avec le mythe de la minceur. Pas d'être plus belle...
...Mais de déconstruire le mythe de la beauté.
Pas d'être plus accomplie, mais de comprendre que l'« accomplissement » est souvent juste le masque jovial qu'on met au capitalisme pour qu'on fasse moins la gueule en allant bosser.
Désapprendre la haine des femmes
NIVEAU COLLECTIF
NIVEAU INDIVIDUEL
Mais vous faites quoi des femmes qui elles-mêmes euh... Je ne sais pas comment dire, mais tu vois, quoi ?
Oui.

La première chose, c'est qu'on sait bien qu'on a toutes plus ou moins intériorisé cette rhétorique foireuse. Donc on essaie la discussion en premier lieu... quand c'est possible.
Je pense qu'on sert juste, le plus souvent, de bouclier à la médiocrité masculine.
Ah c'est chouette...
Mais parfois...
Parfois ?

Parfois, la bienveillance, pour être effective, doit justement avoir ses limites. On n'est bienveillantes qu'avec des personnes bienveillantes.
Mais alors... vous les virez ?
En général, je te rassure, ce sont elles qui ne veulent pas rester...
Elles se font chier ici En fait, on les fait chier. Mais on a quand même un règlement intérieur, au cas où elles ne comprendraient pas d'emblée.
Rappel
Les agressions ne relèvent pas de la liberté d'expression. Pas de racisme, de classisme, de transphobie, d'homophobie, de validisme, de discrimination.
Et ça se passe toujours bien ?
Non
Hmmm
Je t'ai pas dit que ce serait évident. On essaie.
C'est triste, non ?
On en est toujours réduites à ne pas se soutenir entre femmes ?
Au contraire.
C'est parce qu'on veut consacrer l'essentiel de notre temps à soutenir d'autres femmes qu'on n'a aucun intérêt à perdre du temps à expliquer à certaines que là où elles voient des vues de l'esprit, d'autres vivent leur violence. Elles repartent, et nous, on avance.

SUPPORT TRANS WOMEN'S RIGHTS
TRANS RIGHTS ARE HUMAN RIGHTS
Et si elles reviennent ?
Encore une fois, dans l'immense majorité des cas, ce sont elles que ça n'intéresse pas, de revenir.
Nous, on n'a fermé aucune porte.
D'ailleurs, tu...
?
Ça sent trop bon !
Ah ah !
Ou alors, on peut en rester là pour le moment... Après tout, on l'a dit, c'est politique aussi, de se faire plaisir.

Hmmm...
Oui ! Tout à fait ! Politique ! C'est pour ça
Je vois que tu es bien occupée, je vais te laisser profiter un peu. Et l'une d'entre nous n'est jamais loin, n'hésite pas !
Oui super ! Merci, Mia
Mais oui, tout est politique.
Oh non !!! Commence pas à saouler avec ça... C'est pas l'atelier philo, là.
Tu as besoin de reprendre des forces.
Parce que dehors, les injonctions continuent de pleuvoir.

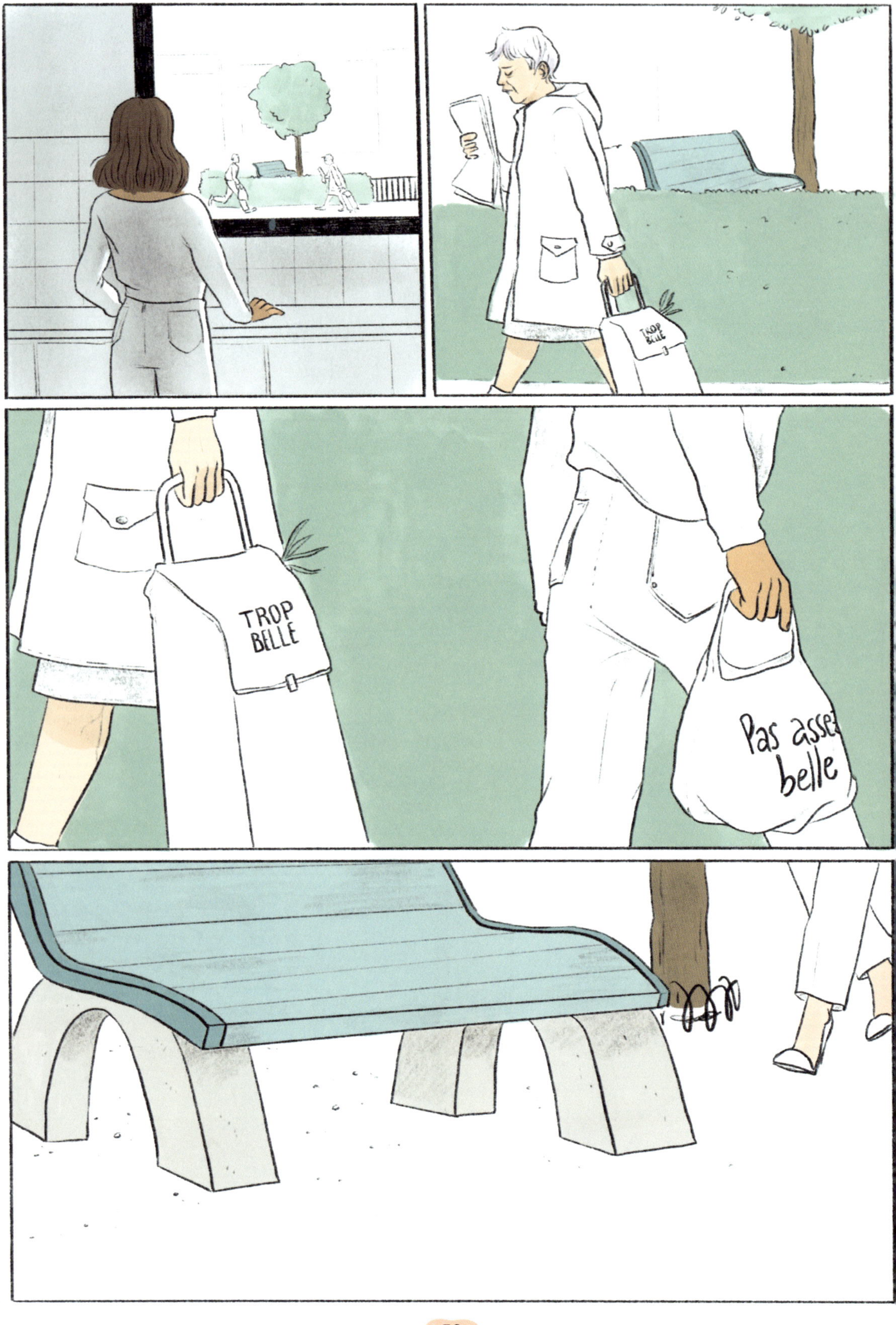
TROP BELLE
TROP BELLE
Pas asse
belle

Non mais t'as vu la dégaine de la meuf ? C'est pas sa faute, d'accord, mais elle a pas choisi le bon domaine...
C'est sûr qu'avec un physique pareil, je sais pas où elle a rêvé qu'elle pourrait être représentante.
C'est clair, non mais t'imagines ? Ça te fait fuir le client direct, ça !
Je suis pas sûre de vous suivre... C'était quoi le souci ?
Oh ça va, arrête de faire comme si tu ne comprenais pas...
Elle avait une sale face quand même...
Vous êtes odieux, surtout. Toute la matinée vous n'avez pas arrêté de trasher toutes les candidates... Y avait toujours un truc qu'allait pas !
Tu rigoles, y en a qu'on a trouvées hyper bien !
Ah...
J'ai dû louper ce passage...
Ah si, physiquement, la troisième. Ou c'était la quatrième ?
Coraline.
Caroline ?
Ah oui, Coralie.
Bref, elle, on s'en rappelle !

Ah ben oui, en effet...
Mais vous avez dit vous-mêmes qu'il ne fallait pas la prendre !
Ah bah la prendre, on aurait bien aimé...
Vous êtes lourds franchement...
Et en plus hypocrites : vous avez voté contre elle, à la fin !
Ah mais tu comprends pas...
C'est parce qu'une meuf aussi bien faite, aussi belle, aussi intelligente, ça cache un truc chelou...
Tu peux être sûre qu'elle va te la faire à l'envers
Ou coucher avec le patron, et toi, ta promo, tu te la mets derrière l'oreille...
Ah ouais, direct, comme ça, sans transition ?
Mais arrête de nous faire croire que t'as jamais entendu ça ! Des histoires pareilles, c'est tous les jours !
Pour parler des femmes qui sont pas suffisamment PDG, ah là, il y a du monde !
Mais quand ce sont les hommes qu'on discrimine, y a plus personne...

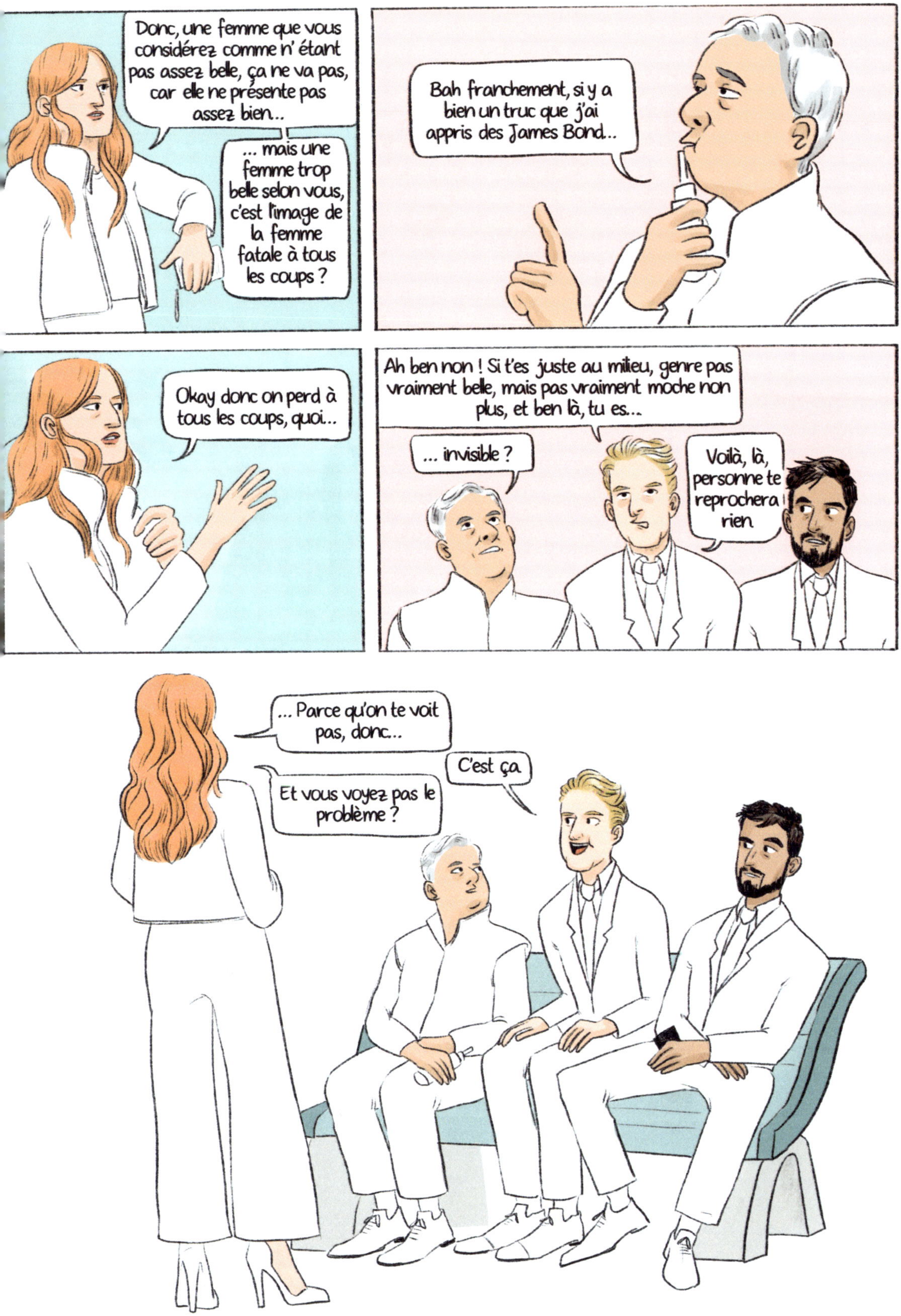

Donc, une femme que vous considérez comme n'étant pas assez belle, ça ne va pas, car elle ne présente pas assez bien...
... mais une femme trop belle selon vous, c'est l'image de la femme fatale à tous les coups ?
Bah franchement, si y a bien un truc que j'ai appris des James Bond...
Okay donc on perd à tous les coups, quoi...
Ah ben non ! Si t'es juste au milieu, genre pas vraiment belle, mais pas vraiment moche non plus, et ben là, tu es...
... invisible ?
Voilà, là, personne te reprochera rien
... Parce qu'on te voit pas, donc...
Et vous voyez pas le problème ?
C'est ça

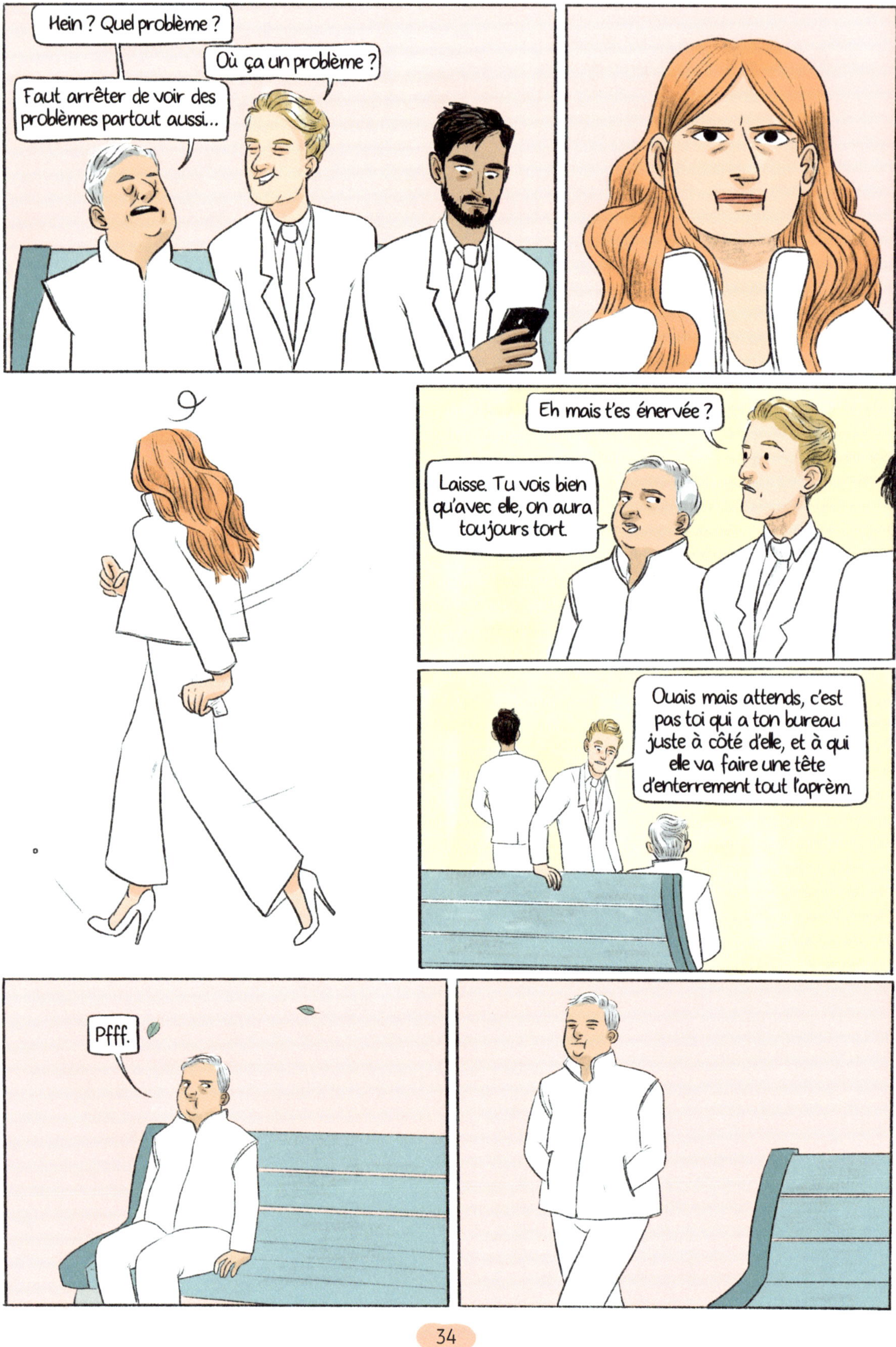
Hein ? Quel problème ?
Où ça un problème ?
Faut arrêter de voir des problèmes partout aussi…
Eh mais t'es énervée ?
Laisse. Tu vois bien qu'avec elle, on aura toujours tort.
Ouais mais attends, c'est pas toi qui a ton bureau juste à côté d'elle, et à qui elle va faire une tête d'enterrement tout l'aprèm.
Pfff.

En tout cas les gens ont l'air tendu par ici
Il est temps de rentrer chez moi je crois.
Avant de partir, prends ça.
En plus de mes recettes, tu trouveras quelques ressources utiles.
On est toujours disponibles à La Traverse.
Merci !
studio LA PLAINE

eau de SOURC
100% naturel
100% naturelle
trop ou pas assez ?

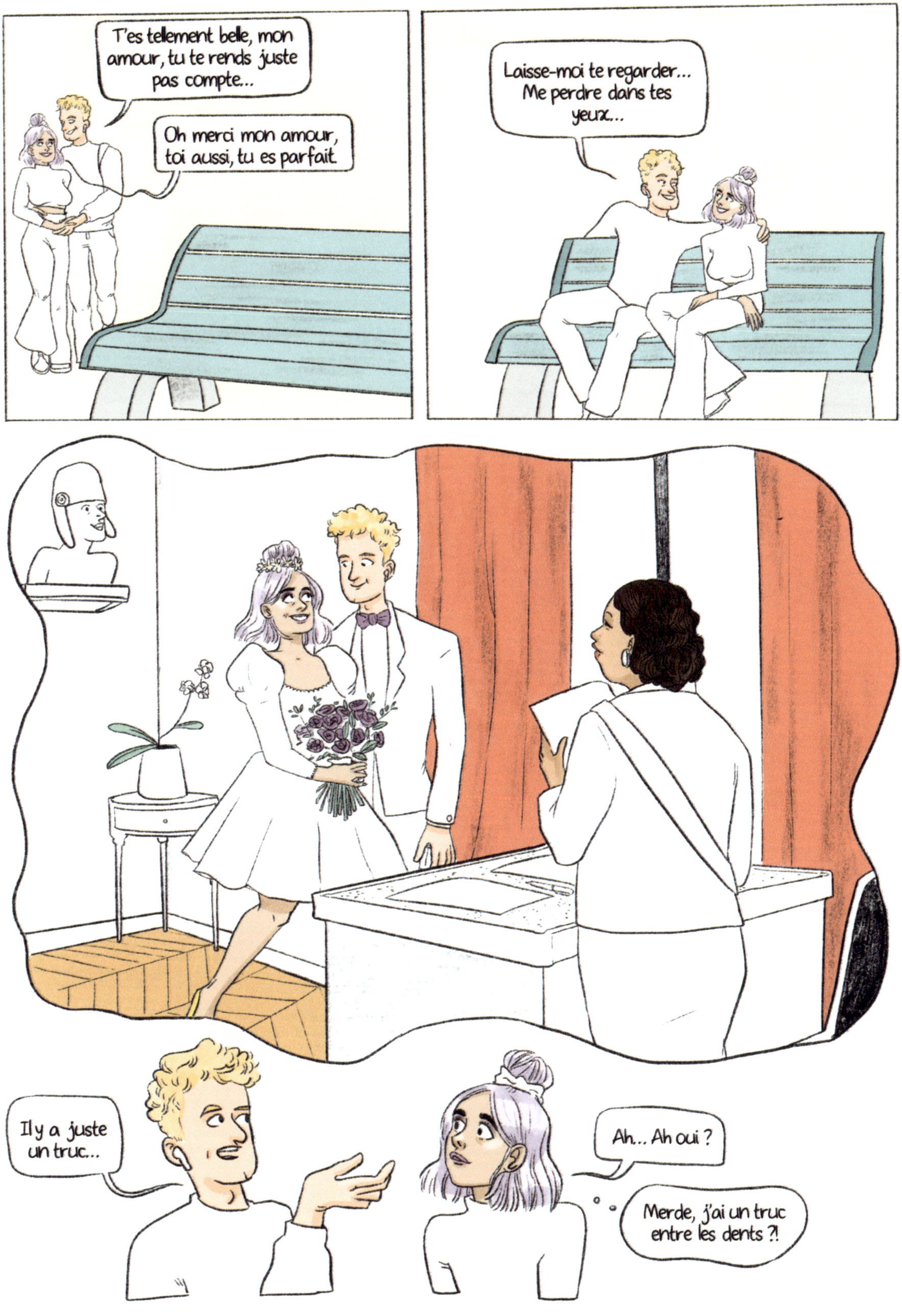
T'es tellement belle, mon amour, tu te rends juste pas compte...
Oh merci mon amour, toi aussi, tu es parfait.
Laisse-moi te regarder... Me perdre dans tes yeux...
Il y a juste un truc...
Ah... Ah oui ?
Merde, j'ai un truc entre les dents ?!

Mais si je te dis ça, c'est justement parce que je t'aime, et que je veux que tu aies confiance en toi. Que tu te voies comme je te vois, moi
Mmouif, je ...
C'est dommage que tu aies besoin de tout ça...
?? De tout ça ?
Ben... Tout ce maquillage, là...
??

Tu sais, moi je t'aime comme tu es.
Mais comme je suis, c'est comme ça... Je m'aime comme ça, moi...
C'est parce que tu ne te rends pas compte à quel point tu es belle...
Euh... non, c'est parce que j'adore me maquiller.
Oui, mais tu vois, ça fait pas naturel...
Ah ? Tu me préfères naturelle ?
Adieu, mes bébés...

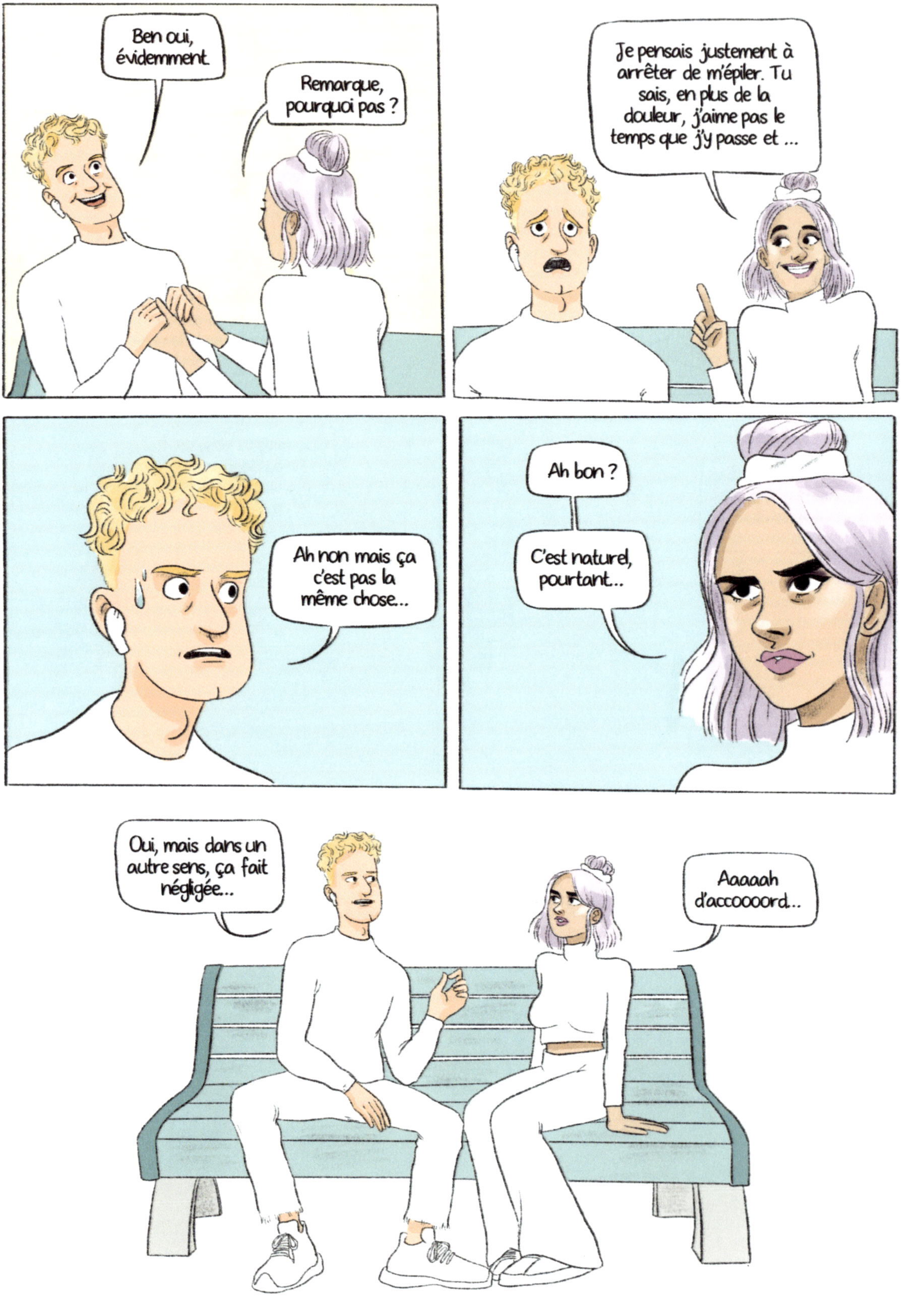
Ben oui, évidemment.
Remarque, pourquoi pas ?
Je pensais justement à arrêter de m'épiler. Tu sais, en plus de la douleur, j'aime pas le temps que j'y passe et ...
Ah non mais ça c'est pas la même chose...
Ah bon ?
C'est naturel, pourtant...
Oui, mais dans un autre sens, ça fait négligée...
Aaaaah d'accooooord...

Tu comprends, il faut prendre soin de toi, aussi... Tu as un corps tellement magnifique...
Mmmmmh
L'important, c'est de ne jamais tomber ni dans le superficiel, ni dans le laisser-aller.
Certes, certes.
Tiens, en parlant d'y aller, je viens de me rappeler que je devais arrêter de te voir.
Hein, mais pourquoi ?!!!
Parce que tant qu'à prendre des conseils en esthétique, j'aime autant aller chez une pro, tu vois...

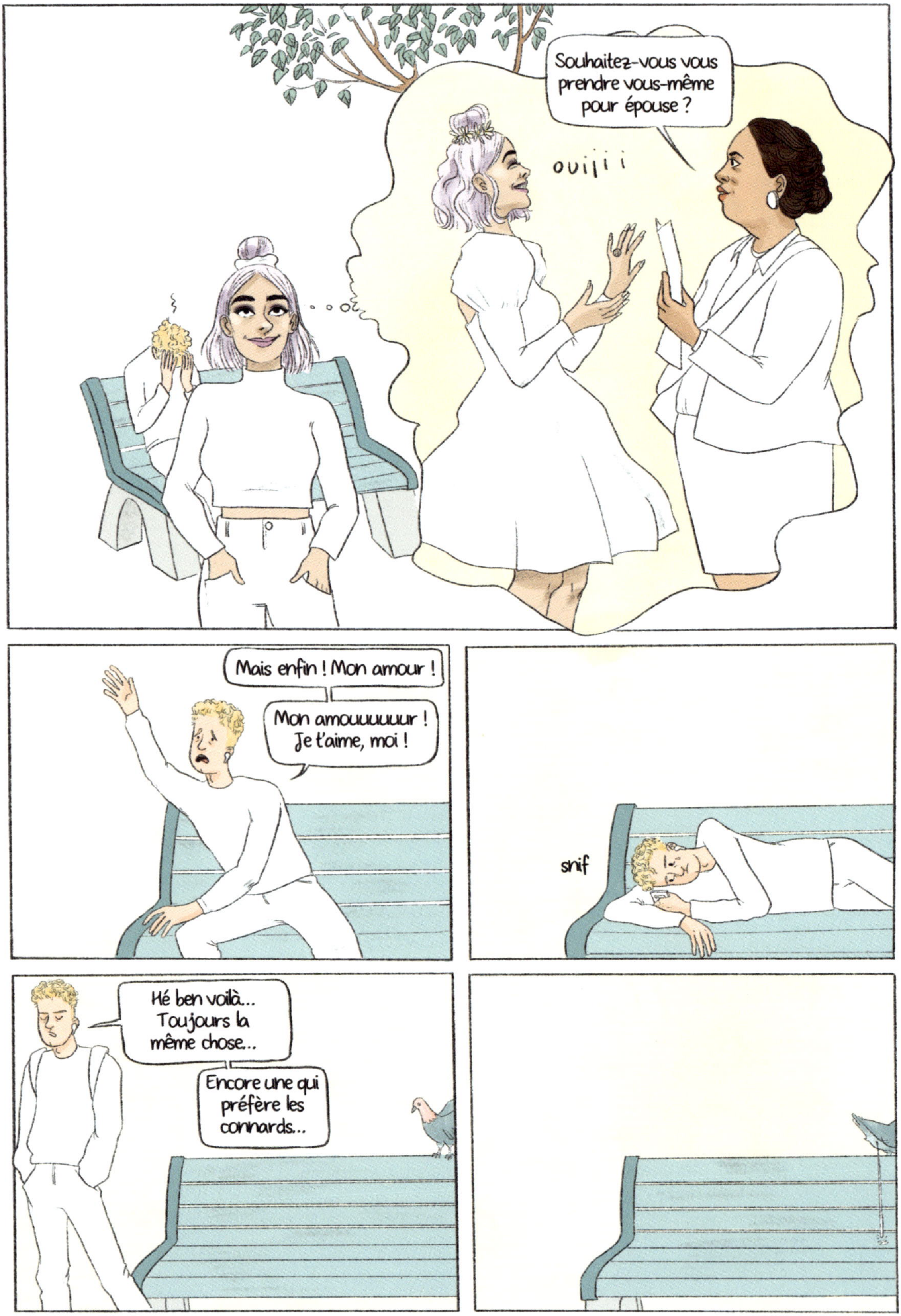

Souhaitez-vous vous prendre vous-même pour épouse ?
ouiiii
Mais enfin ! Mon amour !
Mon amouuuuuur ! Je t'aime, moi !
snif
Hé ben voilà... Toujours la même chose...
Encore une qui préfère les connards...

Metro
M 19
La Plaine-Laumière
PIMENTO
sauce
P T
PAS ASSEZ DOUCE!

umière
trop douce
La Plaine-Lumière
« Fiches techniques »...
Fiche technique # 7
TO DO
Fiche de non-motivation
écrivez vos cinq objectifs pour la semaine :
Dreaming about
HAPPY
Et maintenant
de n'en atteindre AUCUN, parce que vous en faites déjà bien assez.
OBJECTIF
ADA
QUE DALLE CLUB

Ah ah
M 19
1er train 2e train
Porte de Fliflilin
Enfin !
M'en parle pas ! J'en suis au point où j'ai réinstallé Tindeure..!
porte de fliflilin
Wow et je suis tellement en avance pour mon casting...
Je vais avoir le temps de swiper.

Tindeure
Slt ça va ?
16:44
Ça va et toi ?
Non, ça fait neuneu, un peu…
Bien, merci ! Et toi ?
Un peu sec, non ?
Tranquille Émile, et toi ?
Non mais je dis jamais ça, en fait ! N'importe quoi…
Ça va ouais.
Alors là, on dirait quand même que je m'en tape complètement, de sa vie…
Déjà mieux depuis qu'on se parle ;)
Houlà, non, ça fait désespérée maintenant…
Oui et toi ?
Là ça fait j'ai même pas dix secondes à t'accorder.

Très bien et toi ?
Ça va. je vais être cash : je me remets enfin d'une relation qui m'a fait beaucoup souffrir…
17:16
Je suis désolée pour toi…
Oui du coup je suis désolé mais je préfère te prévenir, je suis un peu sur mes gardes et peux paraître froid.
Non mais t'inquiète, on discute juste, donc pour l'instant pas de souci ! ^^
Oui mais ça m'arrive aussi de ne pas répondre pendant plusieurs jours.
Ah ben comme première approche, ça a le mérite d'être clair, au moins !
Tu dois savoir un truc sur moi : je cherche pas à plaire mais à être moi-même.
Oui enfin il vaut mieux qu'on se plaise un peu, dans l'idéal, non ?

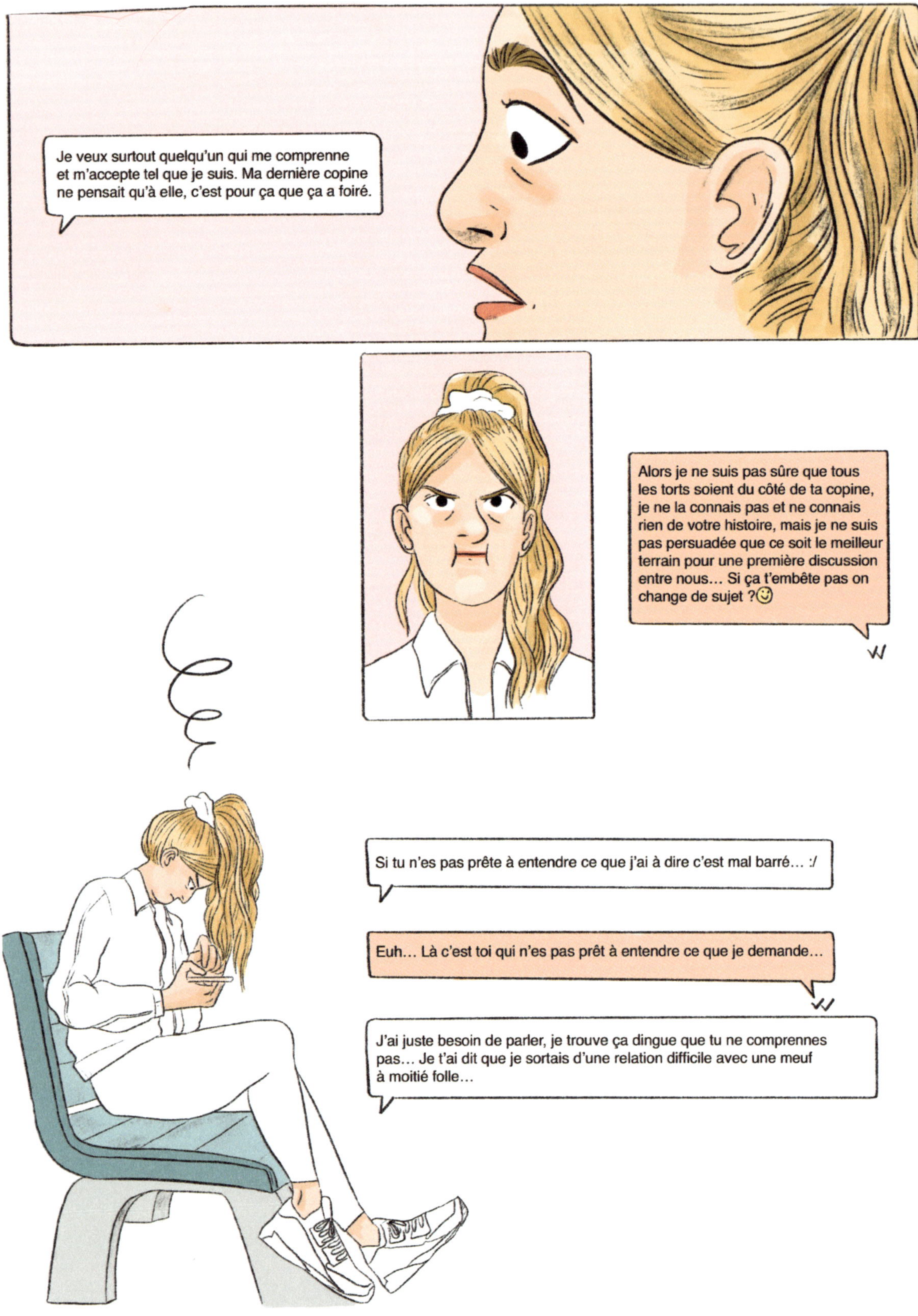
Je veux surtout quelqu'un qui me comprenne et m'accepte tel que je suis. Ma dernière copine ne pensait qu'à elle, c'est pour ça que ça a foiré.
Alors je ne suis pas sûre que tous les torts soient du côté de ta copine, je ne la connais pas et ne connais rien de votre histoire, mais je ne suis pas persuadée que ce soit le meilleur terrain pour une première discussion entre nous… Si ça t'embête pas on change de sujet ?
Si tu n'es pas prête à entendre ce que j'ai à dire c'est mal barré… :/
Euh… Là c'est toi qui n'es pas prêt à entendre ce que je demande…
J'ai juste besoin de parler, je trouve ça dingue que tu ne comprennes pas… Je t'ai dit que je sortais d'une relation difficile avec une meuf à moitié folle…

Alors je te préviens, j'aime pas trop les gars qui s'expriment comme ça…
Alors je te préviens, j'aime pas trop les gars qui s'expriment comme ça…
Et moi j'aime pas trop les gonzesses qui n'ont aucune capacité d'écoute avant même qu'on se soit rencontrés.
UNMATCH
swipe
swipe
swipe

TROP SOURIANTE
Hey t'as fait tomber un truc !
Quoi donc ?
Ton sourire ! Hé hé...
Toi aussi t'as perdu un truc...
Ah ouais? Ton 06?
Non, l'occasion de fermer ta gueule.
TROP SOURIANTE
Vas-y tu t'es crue intelligente, avec tes jeux de mots, connasse ? En plus t'es même pas belle...
PAS ASSEZ SOURIANTE

Alors ?!
Bah là la meuf, elle me regarde en posant ma bière, genre « c'est le petit déjeuner que je te servirais bien avec plaisir »
Oui enfin elle te regarde quoi...
Abuséééééé !
Parce que t'es en face d'elle, donc...

Un sourire qui ne laissait aucune place à l'imagination ! Alors bim, tu sais pourtant que je n'ose pas toujours, mais là, ni une ni deux, je lui file mon numéro.
Comme sûrement quinze gars ce jour-là...
Et alors ? Et alors ?!!
Alors ça faisait seize.
Alors elle le prend même pas !
Elle se met à péter un plomb comme quoi ça se fait pas de la draguer comme ça sur son lieu de travail !
La base, en fait.

Quoi ? Mais elle a halluciné ! Si on drague plus les meufs au boulot, on les drague où ?! Et quand ? Et comment d'ailleurs ? Parce que...
C'est le problème avec les femmes aujourd'hui. Elles regardent trop de films, mais dès que tu fais comme on t'a appris, tu te prends un méchant râteau.
Qu'est-ce que tu dis, toi ?
Ou alors, c'est les films qui sont tout pourris...
Que vos films sont tout pourris, si c'est ça qu'ils vous vendent comme méthode.
Le mec, il est célibataire, et il donne des leçons !
Je préfère être...
Oui, on sait, « être seul que mal accompagné ».

Non... être seul plutôt que de harceler chaque meuf qui me sourit.
Oh mais t'es dingue toi, je l'ai pas harcelée !
C'est clair que non tu l'as pas harcelée !
Il lui a filé son numéro, la fille est libre de décider, non ?
Ben là, en l'occurence elle a décidé que clairement ça ne lui a pas plu, donc maintenant il la descend.
Attends, t'oublies juste qu'il y avait des signaux contradictoires !
Si tu avais vu comme elle me souriait..
Des signaux ? t'étais perdu en mer ou quoi ?

Et tu crois pas qu'elle souriait comme ça simplement parce que si elle ne le faisait pas, son patron serait venu la gonfler ?
Lui dire qu'elle n'était pas assez « commerçante » pour accueillir les clients ?
Oh mais ta sœur est serveuse, toi, pour que tu la défendes autant ?
Hey, y a pas à les « défendre », on les attaque pas !
Nan mais t'as compris.
Évidemment que j'ai compris.
Voilà
Bon.
J'explique simplement que c'est pas un « râteau », vous êtes chiants quand vous êtes comme ça, putain
Rooooouu

N'empêche, ça m'a donné envie d'une bière, ton histoire de bar !
On n'a qu'à aller au « Chantier », ça fait un moment qu'on n'a pas vu Sam
Pile le bon exemple ! Tu vois, Sam, elle est pas mal, mais comme elle tire quasi toujours la tronche, franchement, ça la met pas en valeur...
Ça se ressent dans les pourboires, elle le dit elle-même.
Et encore ! Heureusement qu'elle a des gros seins ! Sans ça...

Appartement d'Élodie, 19h55
Quelle journée.
Clic
Fiouuuuuu

Fiche technique # 10
PARLER DE FÉMINISME À DES HOMMES CIS HÉTÉROS :
une base mathématique
FEEL-GOOD MOMENT
Temps maximal qu'il est possible de passer sans qu'ils viennent vous dire comment vivre votre vie : 4h32 *
Nombre d'« avocats du diable » dans une discussion autour du
WoW
19 : 58
Contacts
Abdel El
Adrien
Aline
Oui, Antoinette ? Dispo ce soir pour un restau ?
Il faut que je te parle de ma journée.
Oh ç'aurait été chouette, mais là on sort du conseil de classe et on est en pleine discussion.
… Et en plus il va falloir que je rattrape Myriam, ça part en vrille, j'te laisse !
Pas de problème on remet ça ! C'était un peu dernière minute aussi… Bon courage à vous!

Pas de problème !
TROP HABILLÉE

Bye !
Pas assez habillée

Je ne sais pas si c'est nécessaire que vous m'accompagniez jusqu'à ma voiture vous savez...
Je n'ai rien d'autre à ajouter.
Bye.
Pour nous, l'essentiel est de permettre à tout le monde de se concentrer et de pouvoir travailler dans les meilleures conditions.
Ah non, vous n'allez pas nous refaire le coup de la gamine qui empêche les garçons de bosser!
Je ne vois pas en quoi ça a rapport avec la concentration de quiconque.
Vous voyez, c'est ça le problème dans notre société. On ne voit plus les choses objectivement.
« Objectivement » Mais oui, quelle tristesse, on ne peut plus sexualiser impunément des ados.
C'est toujours notre faute à nous, évidemment.
Si vous saviez le nombre d'enfants qui viennent en cours avec des décolletés plongeants, des mini-shorts et des sous-vêtements qui dépassent...
Nous, nous voulons seulement les protéger.
Malheureusement vous faites l'inverse.
Avoir renvoyé une élève chez elle parce qu'elle était, je cite, « dénudée »...
Ça envoie un message clair : que c'est à elle de faire attention et non pas à tout le monde de la respecter quelle que soit sa tenue...

Mais enfin, c'était indécent, vous n'étiez pas là pour le voir que je sache! Elle avait une jupe qui arrivait péniblement jusqu'ici!
La prochaine fois, je vous prends une photo que vous compreniez bien
Vous feriez mieux de ne pas vous y amuser.
Mais... mais. Vous avez bien vu enfin que toute l'équipe enseignante était d'accord, il faut des règles claires!
C'est faux ; certaines de vos collègues vous ont au contraire très explicitement désavoué
Et quand bien même, je ne vois pas en quoi ce serait la preuve de votre supériorité morale...
Écoutez, je crois qu'on ne va nulle part. Je suis certes un peu plus strict que d'autres... Mais au fond, nous sommes tous d'accord pour dire qu'il faut une tenue correcte pour venir à l'école.
... sauf que ce n'est pas à vous de décider ce qui est ou non correct.
Vu ce que les parents leur apprennent...
Force est de constater que dans certains foyers, on se fiche bien de savoir comment est vêtu son enfant. En particulier sa fille si vous voyez ce que je veux dire...
C'est votre deuxième grand dada. On ne voit pas du tout où vous voulez en venir...
Ce n'est pas ma faute si certains ados viennent habillés comme si c'était une discothèque et d'autres, comme s'ils allaient prier. Bonjour le respect des lois républicaines et de la laïcité !

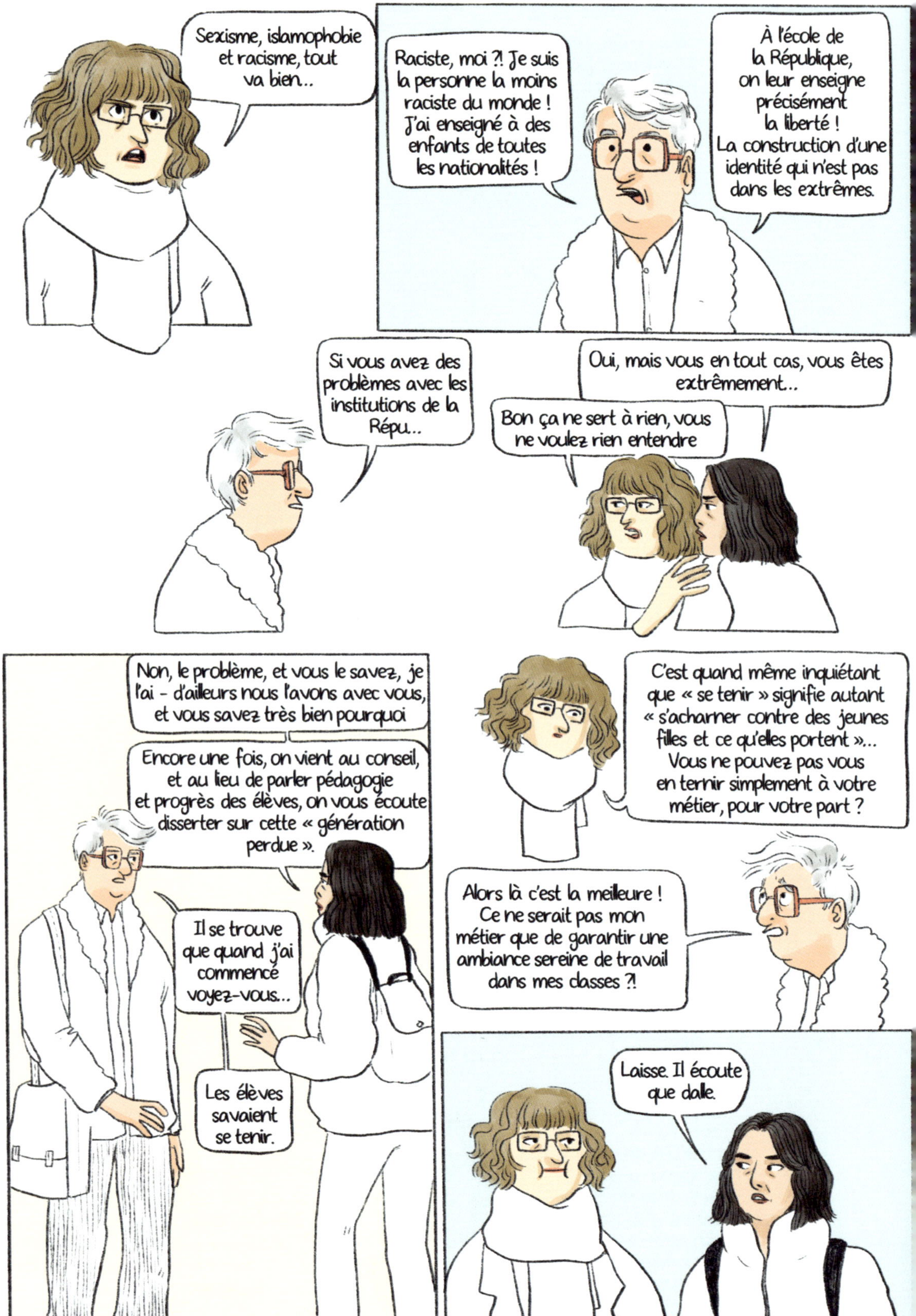
Sexisme, islamophobie et racisme, tout va bien…
Raciste, moi ?! Je suis la personne la moins raciste du monde ! J'ai enseigné à des enfants de toutes les nationalités !
À l'école de la République, on leur enseigne précisément la liberté ! La construction d'une identité qui n'est pas dans les extrêmes.
Si vous avez des problèmes avec les institutions de la Répu…
Oui, mais vous en tout cas, vous êtes extrêmement…
Bon ça ne sert à rien, vous ne voulez rien entendre
Non, le problème, et vous le savez, je l'ai - d'ailleurs nous l'avons avec vous, et vous savez très bien pourquoi
Encore une fois, on vient au conseil, et au lieu de parler pédagogie et progrès des élèves, on vous écoute disserter sur cette « génération perdue ».
Il se trouve que quand j'ai commencé voyez-vous…
Les élèves savaient se tenir.
C'est quand même inquiétant que « se tenir » signifie autant « s'acharner contre des jeunes filles et ce qu'elles portent »… Vous ne pouvez pas vous en ternir simplement à votre métier, pour votre part ?
Alors là c'est la meilleure ! Ce ne serait pas mon métier que de garantir une ambiance sereine de travail dans mes classes ?!
Laisse. Il écoute que dalle.

Un peu de respect je vous prie, je suis quand-même en face de vous
Ah mais moi je ne suis pas faux-cul vous voyez, ce que j'ai à vous dire je veux que vous l'entendiez, je vais pas me planquer en douce ou me cacher derrière les « institutiooons » !
Je vous préviens quand même que je n'en resterai pas là.
Les menaces ne m'effraient pas, j'en ai vu d'autres.
Je vous laisse, j'ai des copies à corriger, moi, mon travail ne s'arrête pas à 17h vous voyez.
Le nôtre non plus vous voyez, il est 20h15 et on en est encore à débattre pour quelque chose que l'on avait pensé pouvoir clore en quelques minutes !
Hé, pars pas si vite !

19 mai 23H
CLUB LOKO
élection de Miss Loko!
INTERDIT À TOUTES LES MISS TROP MUSCLÉES
...et à leurs copines
PAS ASSEZ MUSCLÉE

Oh là là mais j'ai trop bouffé, moi
Quelle idée aussi de reprendre du dessert !
Attends c'était mon seul de la semaine, j'ai le droit de me faire plaisir, non ?
Alors oui, ça le plaisir c'est important. Hier, j'ai mangé un cookie tellement bon ! Je me suis dit que c'était pas grave comme j'allais à la salle plus tard.
Moi je n'y vais plus en ce moment...
Je me trouve é-norme
Sois pas si dure avec toi, t'as pris un peu, mais ça va encore.
Oui mais tu sais ce qu'on dit, ça commence comme ça
Si seulement la graisse, on pouvait la prendre pile là où on veut...
EXIT
Ah non hein, j'aurais des seins tellement énormes, je passerais plus les portes !
Ah, ah
N'empêche, c'est ça le problème, à la salle tu peux y aller qu'une fois que t'es hyper bien faite justement
Sinon, t'as peur qu'on te regarde

Ouais, mais faut pas être trop gaulée non plus... Après t'as un corps d'homme en fait...
C'est ça ! Ces femmes-là auxquelles je pense, vu comme elles sont faites, elles mettraient K.O. mon mec !
C'est peut-être ça qui gêne.
Paf
Ah non, mon mec s'en fout
Mais non, je veux dire, en général..
Justement, j'ai peur que mes épaules commencent à être un peu trop développées...
L'autre jour on m'a fait une remarque, depuis j'arrête pas d'y penser
Vas-y, lève-toi pour voir

okay, relâche les épaules.
Euh...
Elles sont pas contractées
Ah ouais !
Non mais ça va encore, ça va.
En revanche tes cuisses commencent à être ultra dessinées.
Ah ouais, ça fait cycliste ?!
Non ça va... Mais ça doit être pratique pour monter les cols...
T'inquiète on dit ça pour rigoler. T'as pas encore la carrure d'une culturiste. Mais oui, t'as bien fait de prendre ton dessert, va.
Il faut que je fasse gaffe quand même...

Mais non t'es hyper belle naturellement, regarde.
Enfin, naturellement, je passe quand même pas mal d'heures à...
L'important tu vois, c'est de pas aller trop loin, ni dans un sens, ni dans l'autre. Le juste milieu.
C'est presque philosophique, ce que tu dis.
Non, c'est un équilibre ! Tu veux pas être trop plate, donc tu te muscles. Mais tu ne te muscles pas trop, car tu ne veux pas non plus être trop carrée.
Et puis tu veux être ronde, mais pas trop.
Les formes qu'il faut, là où il faut...
Créer l'illusion du naturel Comme les stars.
Mais oui, on dirait qu'elles se sont toujours réveillées comme ça !
Exactement. Ça donne pas envie, une femme qui fait artificielle.
Il faut des formes douces, féminines, ce qu'il faut.
Oui enfin, il y a les retouches Photoshop aussi...
Et puis les stars qui ressemblent plus à rien tellement elles se sont fait tirer la peau...
Alors qu'au départ elles étaient magnifiques !!
Non mais je suis désolée, Photoshop ça arrange...
...mais ça transforme pas un laideron en bombasse !
Alors là vous seriez surpr...
Attends je te coupe, mais là où je te rejoins, c'est que c'est vachement bien que maintenant, on retouche moins les photos.

Ah mais si elles sont comme ça on ne va pas le leur reprocher, non plus !
Bon je comprends, ça ferait limite devenir jalouse.
Quand même pas moins standardisé, non ? Ce sont toujours les mêmes corps.
Mais non, c'est pas de la jalousie, je suis contente pour elles, mais franchement, vous trouvez pas que quelque part, ça renforce encore plus l'injonction à être parfaite dès le début ??
Je veux dire : c'est cool pour elles d'être gaulées comme elles le sont si ça les rend heureuses, mais elles n'en sont pas moins jugées sur les mêmes standards, en fait.
On t'a dit que ça allait, tes épaules. Arrête de focaliser.
Mais je parle pas de ça !
T'inquiète, on comprend, on comprend. C'est chaud d'être une femme, en vrai.
C'était quoi la plaque d'immatriculation du mec d'Ubeure ? Y a une bagnole qui vient d'arriver, là...
Non mais c'est une femme, en fait.
Ah bon? C'est marrant, ça...
JF-308-MM
Faudra qu'on revienne dans ce restau en tout cas, j'ai trop aimé, pas vous ?
Sympa, oui
Complètement !

Journal Neuf
Journal Neuf @JournalNeuf
Pr. Amira Sadoun et son équipe développent le futur du vêtement connecté pour la santé
300 RT 4685 ♡
Donatien @ Prof Don Longuet
Ah ! En voilà une qui est sortie de la kuizine ^^
Football Cricri @ Christian_Bujold
Un vêtement décolleté on espère, Amira...
Parasitose Bulbaire @ ParaBlib
On ne finance plus nos chercheurs français ?!
Emile Emile @ multi_Emile
chhh... les bien-pensants sont parmi nous...

TROP
entreprenante

pas assez
ENTREPRENANTE
TROP
entreprenante

STRID.

... La plupart des coachings séduction mettent à part les hommes et les femmes. Nous pensons que c'est une pensée d'arrière-garde.
Nous, nous voulons vivre avec notre temps, et célébrer les avancées qui ont permis de faire des femmes les égales des hommes. C'est pourquoi nous les accueillons avec respect.
L'autre raison d'un coaching séduction en mixité, c'est que nous croyons, surtout, en ce domaine, à la com-plé-men-ta-ri-té.
Nous avons tellement à apprendre les uns des autres
Aujourd'hui cette complémentarité sera capitale, puisque nous passons aux jeux de rôle à proprement parler. Et nous commençons par Philippe et Agnieszka.
Les autres, on s'éloigne pour leur laisser le champ libre, comme on en a discuté hier.

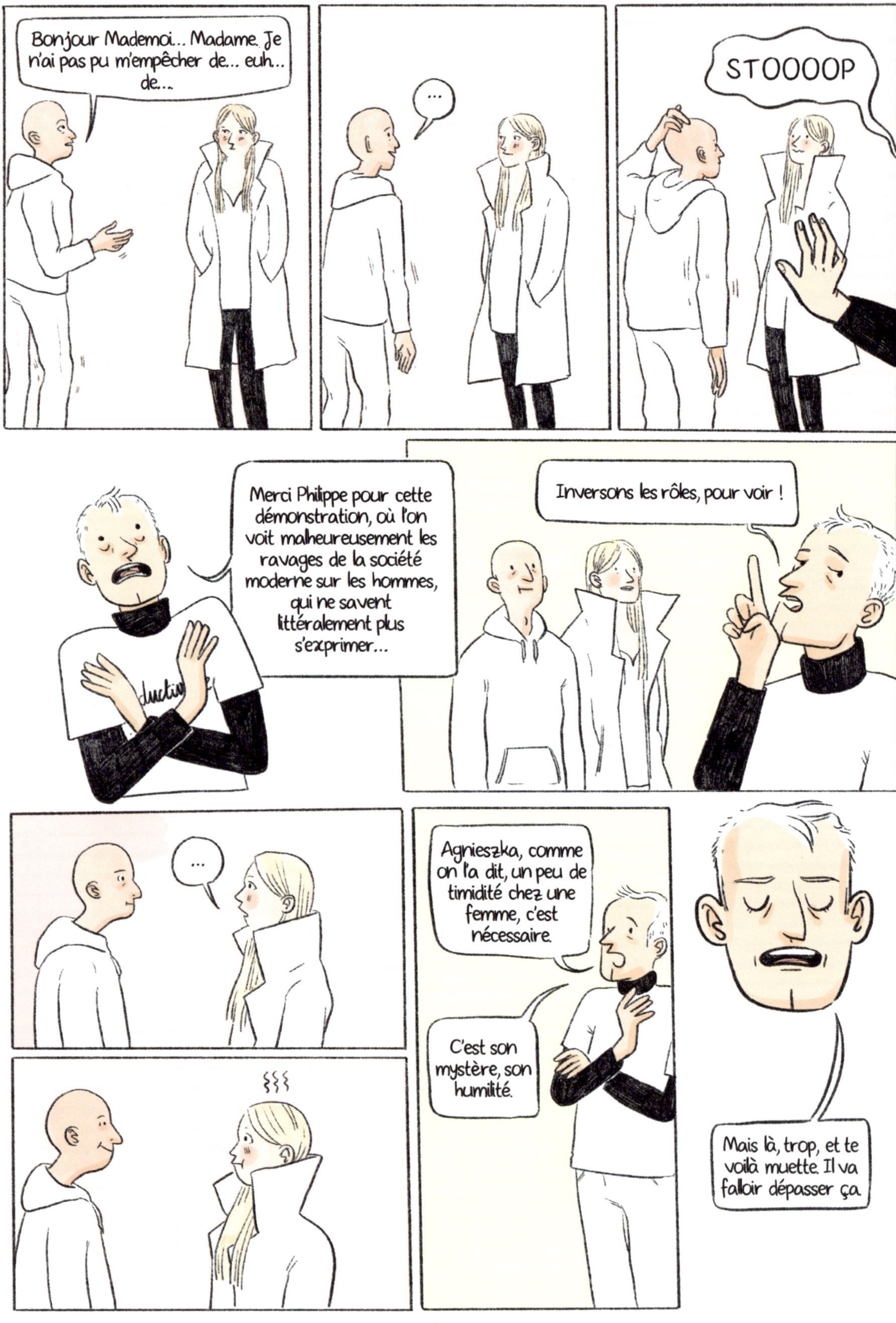
Bonjour Mademoi… Madame. Je n'ai pas pu m'empêcher de… euh… de…
…
STOOOOP
Merci Philippe pour cette démonstration, où l'on voit malheureusement les ravages de la société moderne sur les hommes, qui ne savent littéralement plus s'exprimer…
Inversons les rôles, pour voir !
…
Agnieszka, comme on l'a dit, un peu de timidité chez une femme, c'est nécessaire.
C'est son mystère, son humilité.
Mais là, trop, et te voilà muette. Il va falloir dépasser ça.

Désolée.
C'est que là, avec tout le monde qui regarde...
Ah mais dans la vie, les gens regardent, il faut s'y faire ! Je dis ça en toute bienveillance évidemment. L'important, c'est que tu prennes confiance en toi
Tu aurais vu qu'elle te draguait ?
Euh, non... Mais...
Voilà ! Donc il faut quand même une certaine clarté. Allez on passe à...
Tiens, Gwenaëlle et Honoré, à vous !
séductiviste
...
...
tap tap

Excusez-moi, vous n'auriez pas du feu par hasard ?
Si, et j'ai aussi un numéro de téléphone, si ça vous dit.
NNNNOOOOOOOOOOOOOON
NON
NON
NON
Bon Gwenaëlle désolé mais je ne peux pas te laisser te saboter comme ça
Me saboter ? J'ai plutôt l'air confiante, non ?
Oui, mais trop, c'est ça le problème.
Trop ?!
Regarde, demandons à ton partenaire. Honoré, une femme te répond comme ça dans la rue, tu continues à la draguer ?
Au pire, pour une partie de jambes en l'air, ouais, mais c'est tout.
Tu vois ?

Bah j'ai pas dit que je voulais me marier avec non plus...
100% vécu !
Oui mais tu sais bien que tu ne peux pas montrer ton désir comme un homme, on l'a vu hier dans notre séminaire.
Je suis désolé, moi je suis pour que les femmes puissent vraiment s'exprimer librement, mais qu'est-ce que tu veux, on n'en est pas encore là, dans notre société, et il faut faire avec.
Bah ouais, là ça paraît trop facile en vrai.
Ah ! Tu entends ce que dit Honoré ? Si c'est trop facile, un homme peut même perdre tout intérêt.
Ouais bah tant pis pour lui dans ce cas.
Mais pour toi aussi, non ?
Bof.
Attends, t'es venue pour améliorer ton potentiel de séduction, non ?
Oui, mais...
Alors crois-moi ! Je trouve hyper triste que les hommes réagissent comme ça, mais la plupart vont direct te voir comme une fille facile. Et ça, pour la nuit, c'est peut-être pratique, mais pour le potentiel séduction c'est pas bon. On bosse sur le long terme, nous, nan ?
Oui, mais...
Super. Allez on reprend ! Donc Gwenaëlle, force un peu la timidité. Et attention, on parle de pudeur, pas d'arrogance.
PUDIQUE
On veut pas que tu sois fermée, mais que tu sois invitante pile ce qu'il faut.
INVITANTE

Honoré, je te félicite, continue comme ça, on sentait déjà ta force et ton pouvoir, ta posture était parfaite !
J'en profite pour rappeler un point : les hommes, s'il faut que vous apparaissiez rapidement comme dominants, il ne s'agit pas de tout se permettre !
On respecte l'autre. C'est un trésor, pas une proie. Agissez en conséquence, comme Honoré !
Okay. Diego, tu te lances ? Agnieszka, tu peux revenir s'il te plaît ?

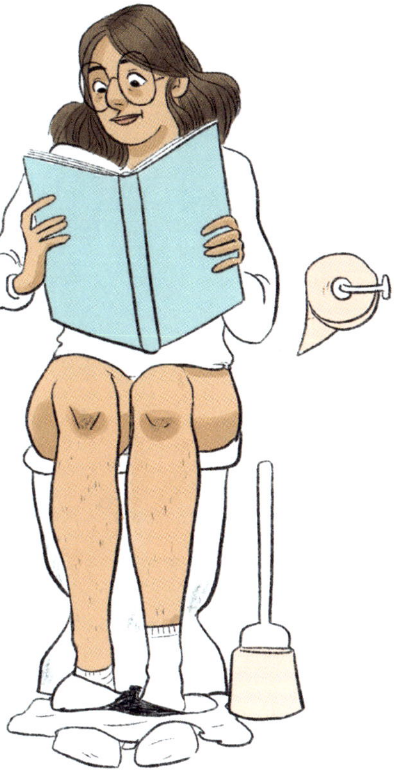

BINGO du de toute façon on aura toujours TORT

Lors de votre prochaine séance Twitter ou soirée télé, armez-vous de ce bingo.
Cochez les phrases écrites ou prononcées dans la grille ci-dessous...

Une ligne, une colonne ou une diagonale remplie et c'est gagné ! Et le lot gagnant, c'est d'aller vous coucher...

C'est dommage qu'elle mette un décolleté, ça fait vulgaire.	De toute manière, on sait comment elle est arrivée là...	Elle serait plus jolie si elle perdait quelques kilos.	C'est sa faute aussi, elle ne s'affirme pas assez.	De toute façon, c'est une mal baisée !
C'est dommage qu'elle ne mette pas de décolleté, ça fait coincée.	De toute manière, c'est un dragon.	Elle serait plus jolie si elle se maquillait.	C'est sa faute aussi, elle est trop agressive.	De toute façon, c'est une salope !
Elle serait plus convaincante si elle n'était pas habillée en jupe.	Elle ne devrait pas être agressive comme ça.	Elle serait plus jolie si elle ne se maquillait pas autant.	C'est sa faute aussi, tu as vu comment elle s'habille ?	De toute façon, je ne ferai pas confiance à une femme !
Elle serait plus convaincante si elle ne s'habillait pas comme un mec.	Elle ne devrait pas être soumise comme ça.	Elle serait plus jolie si elle n'était pas aussi musclée.	Non mais on les connaît, les femmes comme elle...	Elle au moins c'est une vraie femme, avec ses formes, là.
Attends mais c'est une femme, ça ?	Attends mais c'est un homme, ça ?	Attends mais ça veut rien dire, « non binaire » !	Non mais on ne sait jamais ce que ça pense, des femmes comme elles...	De toute façon, le plus dur aujourd'hui, c'est d'être un homme.

TROP
NAïVE
NAïVE
eau de parfum

PAS ASSEZ
NAïVE
NAïVE
eau de parfum

Et tu y vas avec qui, au ciné ?
Avec Lucas.
Et c'est qui, Lucas ?
Un mec en cours de droit avec moi.
T'es intéressée ?
Hein ? Mais pas du tout ! Il est juste hyper sympa, c'est tout.
Ouais ouais... Hyper sympa, hein ?
Arrête, on discute bien, c'est tout.
C'est pour ça que tu vas au cinoche avec... Pour la discussion.
Non mais on a parlé de films et on aime le même genre, donc on s'est dit qu'on irait voir le dernier Marvel ensemble.
RAIRIE
Simp
Chez Mo
ouvert

C'est lui qui t'a invitée ?
Personne n'invite personne, on va juste au ciné ensemble.
Voir le même film, à la même séance ! Je sais pas ce qui est si difficile à comprendre...
Et moi je sais pas comment t'arrives pas à capter que c'est un rencard, là !
Toi, évidemment, dès qu'une meuf et un mec sont ensemble, c'est intéressé...
Ah ben je vais pas voir des films en tête à tête avec des filles qui ne me plaisent pas, ça je te le dis...
Prends pas ton cas pour une généralité.
Ma parole c'est pas une généralité ! Tu veux qu'on demande à mes potes ?
Tes potes qui me draguent à chaque fois qu'ils me voient ? Non, ça va, merci
Ouais ben tu vois, eux ils avouent au moins.
Ils avouent rien du tout, ils sont lourds, c'est tout.
Bon, c'est qui dans la vie, ce Lucas ? Il veut faire quoi comme boulot ?
Oh mais arrête l'interrogatoire, là !

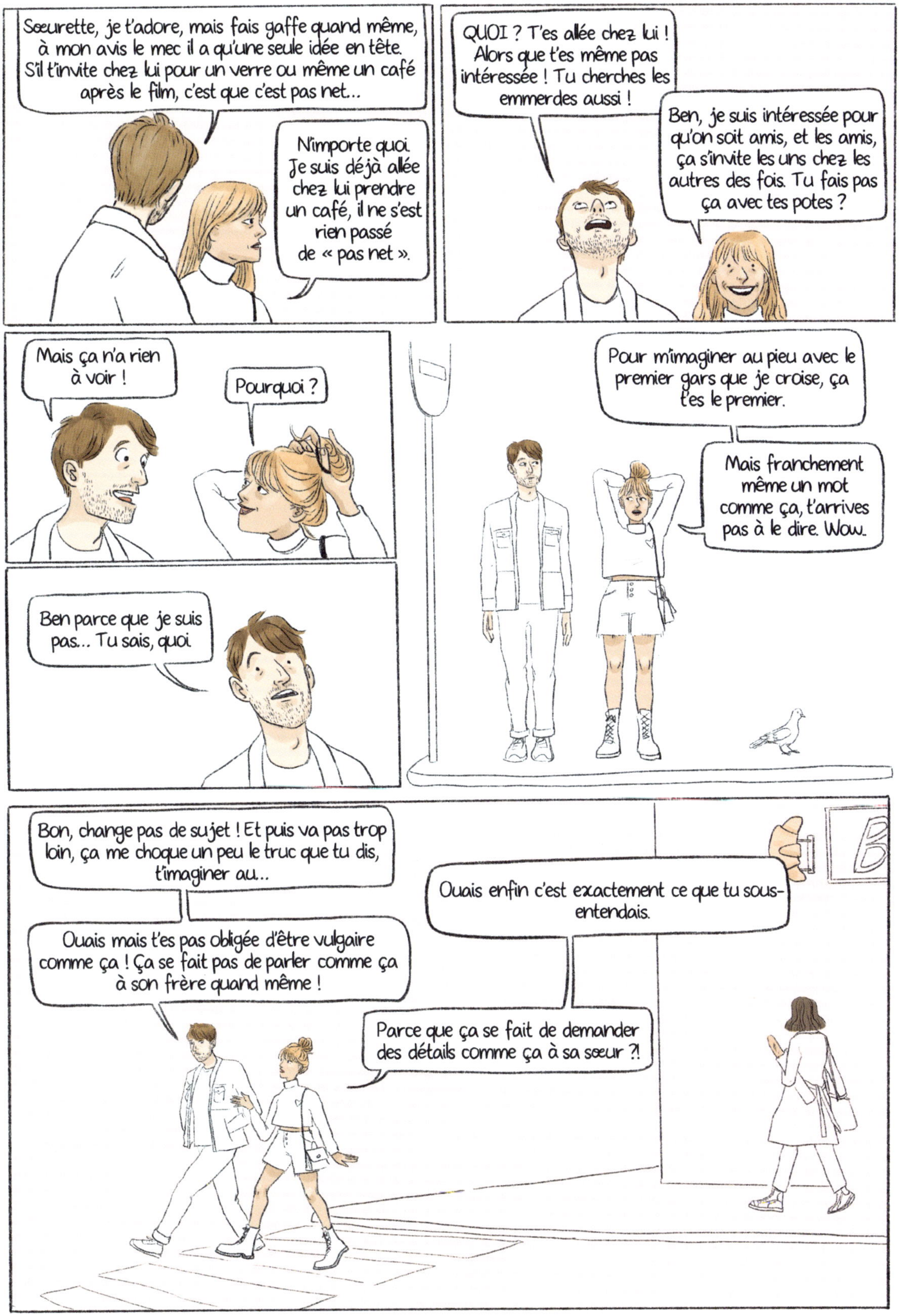
Sœurette, je t'adore, mais fais gaffe quand même, à mon avis le mec il a qu'une seule idée en tête. S'il t'invite chez lui pour un verre ou même un café après le film, c'est que c'est pas net...
N'importe quoi. Je suis déjà allée chez lui prendre un café, il ne s'est rien passé de « pas net ».
QUOI ? T'es allée chez lui ! Alors que t'es même pas intéressée ! Tu cherches les emmerdes aussi !
Ben, je suis intéressée pour qu'on soit amis, et les amis, ça s'invite les uns chez les autres des fois. Tu fais pas ça avec tes potes ?
Mais ça n'a rien à voir !
Pourquoi ?
Ben parce que je suis pas... Tu sais, quoi.
Pour m'imaginer au pieu avec le premier gars que je croise, ça t'es le premier.
Mais franchement même un mot comme ça, t'arrives pas à le dire. Wow.
Bon, change pas de sujet ! Et puis va pas trop loin, ça me choque un peu le truc que tu dis, t'imaginer au...
Ouais mais t'es pas obligée d'être vulgaire comme ça ! Ça se fait pas de parler comme ça à son frère quand même !
Ouais enfin c'est exactement ce que tu sous-entendais.
Parce que ça se fait de demander des détails comme ça à sa sœur ?!

Ben ouais, c'est mon rôle même ! Et arrête de te plaindre, y a plein de mecs qui sont moins ouverts que moi, ça je te le dis, t'aurais même pas le droit de sortir. Moi je te dis juste que t'es hyper naive quand même...
Ou alors c'est toi qu'es hyper relou...
Et puis en plus, d'après ce que tu dis, en fait dès qu'un mec est un minimum intéressé par passer du temps avec moi, je devrais m'en éloigner, pour pas risquer qu'il devienne intéressé par plus ?
Bah non, c'est pas ce que je dis, tous les mecs sont pas comme ça t'sais...
Donc si ça se trouve, on va pouvoir être amis pour de vrai.
... Ouais... C'est vrai que ça existe... Pas pour moi car j'aime trop les femmes mais...
swoosh
T'aimes trop les femmes donc tu peux pas les aimer autrement que comme ça. C'est limité, comme forme d'amour, non ?
Oh mais arrête de me faire passer pour un chacal, quand même ! Être intéressé physiquement, ça veut pas dire que je peux pas tomber amoureux !
Ah ben faut savoir, y a deux secondes j'étais trop naïve. Maintenant, je le suis plus assez, je crois pas assez en l'amûûûûr.
Vas-y faut toujours que tu compliques tout aussi... Je capte rien à ce que tu dis.

De toute façon faut que j'y aille.
T'as un cours ?
Non, je vais voir un copain.
Lucas ?
Non.
Ah ouais mais aussi, ils vont rien comprendre là.

MARCHÉ
LOCAL
- biologique
- aussi : pas biologique
- les deux

PAR ICI LE MARCHÉ

Hé salut !
mouack
TROP BAVARDE
bla
bla
bla
smouack
pas assez bavarde

Et un petit tee-shirt « pipelette comme maman » pour votre petite, ce serait pas mignon, ça ?
Merci, sans façon
Ferme Vall
BAVARDE de mère EN FILLE
ADORABLE
C'est le mot «pipelette » qui vous choque ? Si oui, je l'ai aussi avec « bavarde de mère en fille »... C'est plus neutre, peut-être ?
Vraiment ça ira... Déjà que sa maman n'est pas plus bavarde que ça...

* Non, c'est un proverbe français du XVIe siècle.

Oui alors ça dépend quelle action...
Et même, des fois, de parler comme ça, ça va jusqu'à empêcher les hommes de passer à l'action
« Comme une montée sablonneuse pour les pieds d'un vieillard, ainsi est une femme bavarde pour un mari paisible. »
C'est pas de Sacha Guitry* ça ?
Gouzi gouzi gouza
Non, mais laissez, elle est fatiguée.
Et comment tu t'appelles ma puce ?
Elle ne parle pas du tout ?
Pas encore, non.
C'est pas bien normal, à cet âge... Elle a quoi, presque deux ans, non ?

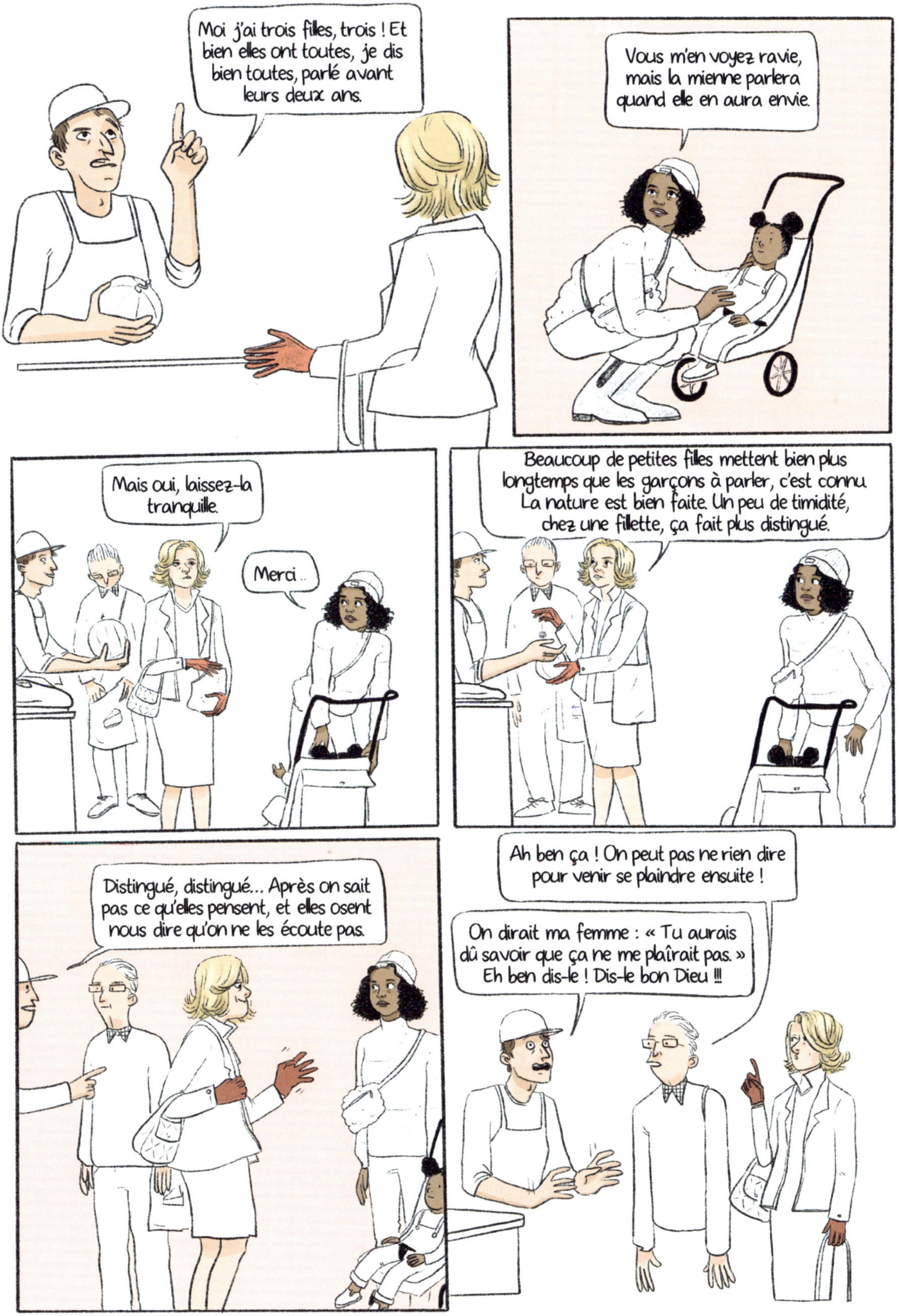
Moi j'ai trois filles, trois ! Et bien elles ont toutes, je dis bien toutes, parlé avant leurs deux ans.
Vous m'en voyez ravie, mais la mienne parlera quand elle en aura envie.
Mais oui, laissez-la tranquille.
Merci..
Beaucoup de petites filles mettent bien plus longtemps que les garçons à parler, c'est connu. La nature est bien faite. Un peu de timidité, chez une fillette, ça fait plus distingué.
Distingué, distingué… Après on sait pas ce qu'elles pensent, et elles osent nous dire qu'on ne les écoute pas.
Ah ben ça ! On peut pas ne rien dire pour venir se plaindre ensuite !
On dirait ma femme : « Tu aurais dû savoir que ça ne me plaîrait pas. » Eh ben dis-le ! Dis-le bon Dieu !!!

Peut-être qu'elle vous l'a dit mais que vous n'écoutiez rien ?
Et vous, vous avez une petite à qui irait ce tee-shirt ? Il est adorable, non ?
Comme quoi, même jeune, c'est vrai : « Vous savez bien qu'il est aussi difficile de faire parler une femme que de la faire taire. »
C'est pas du Sacha Guitry*, ça ?
Ferme Vallipopote
Si je pouvais juste prendre un kilo de carottes s'il vous plaît...

10
9
8
6
7
5
3
4
2
1
trop ambitieuse
pas assez ambitieuse

studio
LA PLAINE
personnel autorisé uniquement
LA TRAVERSE
personnel autorisé uniquement
LA TRAVERSE
LA TRAVERS
parti·es refaire le monde au parc
Non, vraiment, ça ne m'intéresse pas...
studios
LA PLAINE

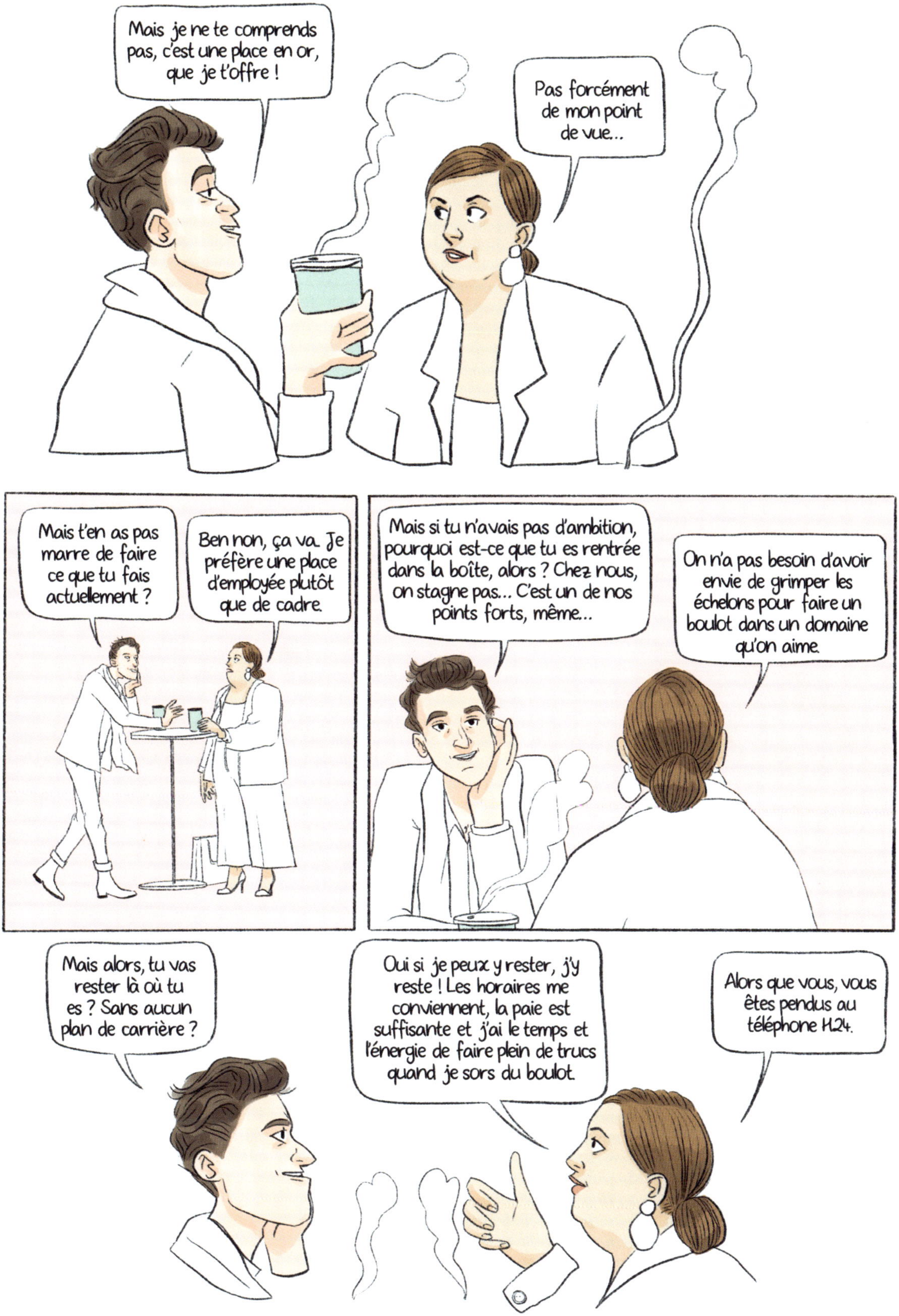
Mais je ne te comprends pas, c'est une place en or, que je t'offre !
Pas forcément de mon point de vue...
Mais t'en as pas marre de faire ce que tu fais actuellement ?
Ben non, ça va. Je préfère une place d'employée plutôt que de cadre.
Mais si tu n'avais pas d'ambition, pourquoi est-ce que tu es rentrée dans la boîte, alors ? Chez nous, on stagne pas... C'est un de nos points forts, même...
On n'a pas besoin d'avoir envie de grimper les échelons pour faire un boulot dans un domaine qu'on aime.
Mais alors, tu vas rester là où tu es ? Sans aucun plan de carrière ?
Oui si je peux y rester, j'y reste ! Les horaires me conviennent, la paie est suffisante et j'ai le temps et l'énergie de faire plein de trucs quand je sors du boulot.
Alors que vous, vous êtes pendus au téléphone H.24.

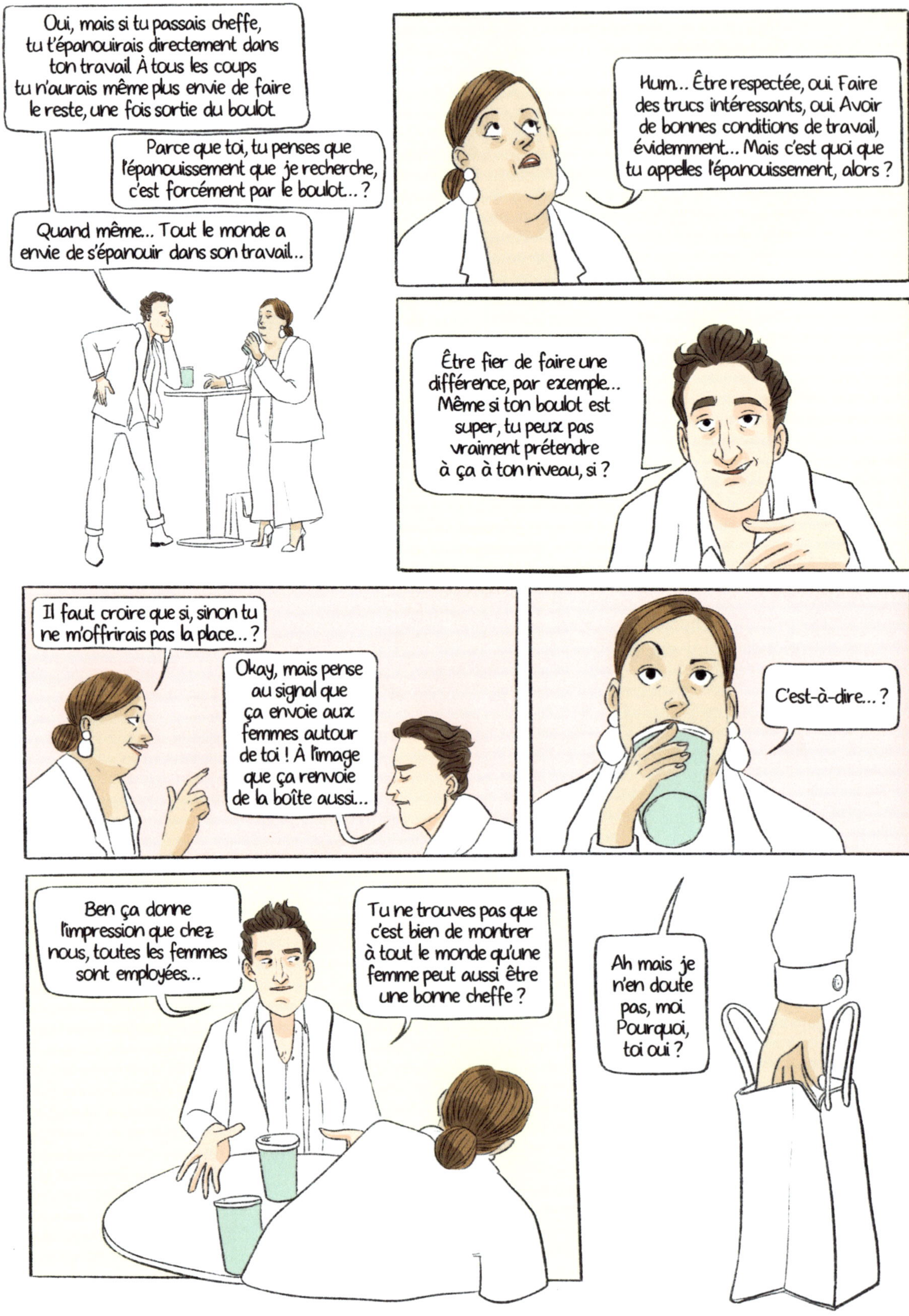

Oui, mais si tu passais cheffe, tu t'épanouirais directement dans ton travail. À tous les coups tu n'aurais même plus envie de faire le reste, une fois sortie du boulot.
Parce que toi, tu penses que l'épanouissement que je recherche, c'est forcément par le boulot… ?
Quand même… Tout le monde a envie de s'épanouir dans son travail…
Hum… Être respectée, oui. Faire des trucs intéressants, oui. Avoir de bonnes conditions de travail, évidemment… Mais c'est quoi que tu appelles l'épanouissement, alors ?
Être fier de faire une différence, par exemple… Même si ton boulot est super, tu peux pas vraiment prétendre à ça à ton niveau, si ?
Il faut croire que si, sinon tu ne m'offrirais pas la place… ?
Okay, mais pense au signal que ça envoie aux femmes autour de toi ! À l'image que ça renvoie de la boîte aussi…
C'est-à-dire… ?
Ben ça donne l'impression que chez nous, toutes les femmes sont employées…
Tu ne trouves pas que c'est bien de montrer à tout le monde qu'une femme peut aussi être une bonne cheffe ?
Ah mais je n'en doute pas, moi. Pourquoi, toi oui ?

Ne me fais pas dire ce que je n'ai pas dit ! Bien sûr que je pense que tu serais excellente, sinon je ne voudrais pas t'y mettre... Mais tu vois, surtout en ce moment, et avec les positions que tu as sur l'égalité femmes-hommes, la libération des femmes et tout ça, je ne comprends pas que tu ne veuilles pas appliquer ça directement dans ta carrière...
Mouais, la libération par les positions de pouvoir...
Bof bof...
Attends, fais pas l'anti-capitalo alors que tu bosses en plein dedans !
Non évidemment, mais je veux dire, je compte pas sur ça pour me réaliser humainement, c'est tout.
Au moins, au poste où je suis, j'ai un peu de souplesse...
T'as pas peur qu'au bout d'un moment, les gens pensent que c'est moi qui freine ta progression, que je te refuse les promotions ?
Non, ça c'est toi que ça inquiète... Donc c'est même pas tant l'image de la boîte qui te stresse...
... que l'image que toi, tu renvoies.
Ce qu'il y a, c'est que je ne comprends pas...
Dans toutes les formations où je vais, on m'explique qu'il faut donner des opportunités aux femmes...
Et maintenant que je te propose une promotion sur mesure, tu la refuses tout net !

Offrir des opportunités, ce n'est pas qu'une question de salaire, de nom ou de fonction…
Franchement, ça ne me gêne pas de rester employée, du moment qu'on bosse en collaboration comme on a toujours bossé.
Souvent, nos noms apparaissent au même niveau sur les tableaux, dans les rapports. Tu ne t'appropries pas mes réussites, c'est surtout ça qui compte pour moi
Tu sais pourtant que si un jour je m'en vais, la personne d'après agira peut-être autrement…
Eh bien j'y penserai à ce moment-là. C'est dingue ça, personne ne veut comprendre que ça m'est égal ce qui se passera dans dix ans.
Ce qui m'importe, c'est ce qui se passe aujourd'hui et demain…
Tu ne raisonnes pas avec une pensée de leader.
Et toi, un peu trop…
Moi je dis ça pour t'aider ! Ton avancement, c'est important, j'ai peur que tu regrettes ensuite !
Cinq ans qu'on a la même conversation. J'ai l'air de regretter ?

studio
LA PLAINE
DECOR
à vos problèmes !
1. Allongez-vous sur le sol, sur un tapis de yoga
2. Non en fait relevez-vous, c'est pas pratique
3. Réfléchissez à toutes les normes que vous êtes censé·e suivre. Notez toutes ces injonctions sur papier, sinon ça va faire chier la démarche
4. Cramez la liste. Vous comprenez pourquoi c'est mieux de ne pas l'écrire sur l'ordi ou sur le téléphone ?

Cinema
Le Rox
TROP INDÉPENDANTE
LUN MAR JEU
17H30 20H 23H30
PAS ASSEZ INDÉPENDANTE
MER VEN SAM DIM
13H 18H 22H4

...

Cinema
Le Rox
TROP INDÉPENDANTE
LUN MAR JEU
17H30 20H 23H30
PAS ASSEZ INDÉPENDANTE
MER VEN SAM DIM
13H 18H 22H4

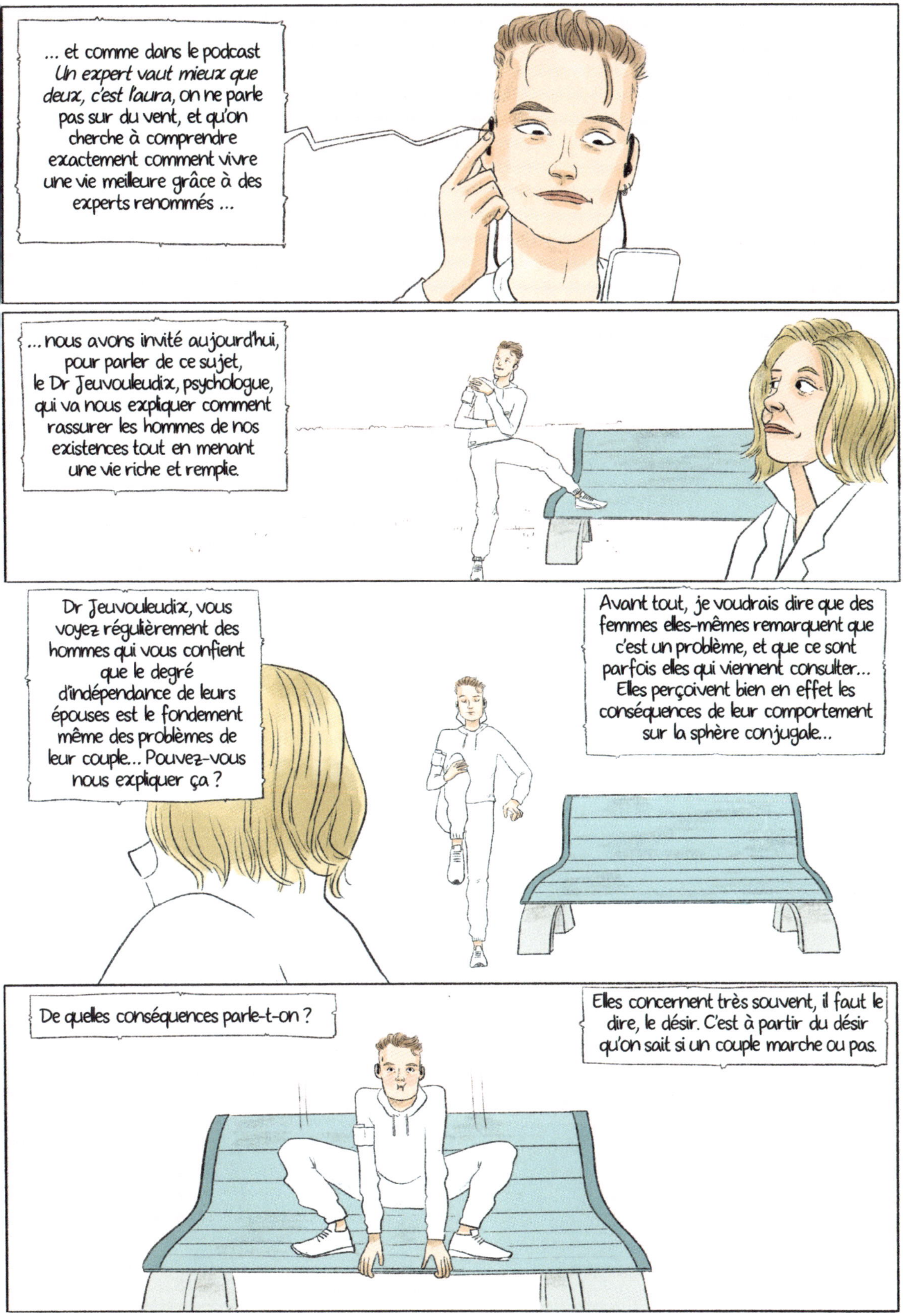

... et comme dans le podcast *Un expert vaut mieux que deux, c'est l'aura*, on ne parle pas sur du vent, et qu'on cherche à comprendre exactement comment vivre une vie meilleure grâce à des experts renommés ...
... nous avons invité aujourd'hui, pour parler de ce sujet, le Dr Jeuvouleudix, psychologue, qui va nous expliquer comment rassurer les hommes de nos existences tout en menant une vie riche et remplie.
Dr Jeuvouleudix, vous voyez régulièrement des hommes qui vous confient que le degré d'indépendance de leurs épouses est le fondement même des problèmes de leur couple... Pouvez-vous nous expliquer ça ?
Avant tout, je voudrais dire que des femmes elles-mêmes remarquent que c'est un problème, et que ce sont parfois elles qui viennent consulter... Elles perçoivent bien en effet les conséquences de leur comportement sur la sphère conjugale...
De quelles conséquences parle-t-on ?
Elles concernent très souvent, il faut le dire, le désir. C'est à partir du désir qu'on sait si un couple marche ou pas.

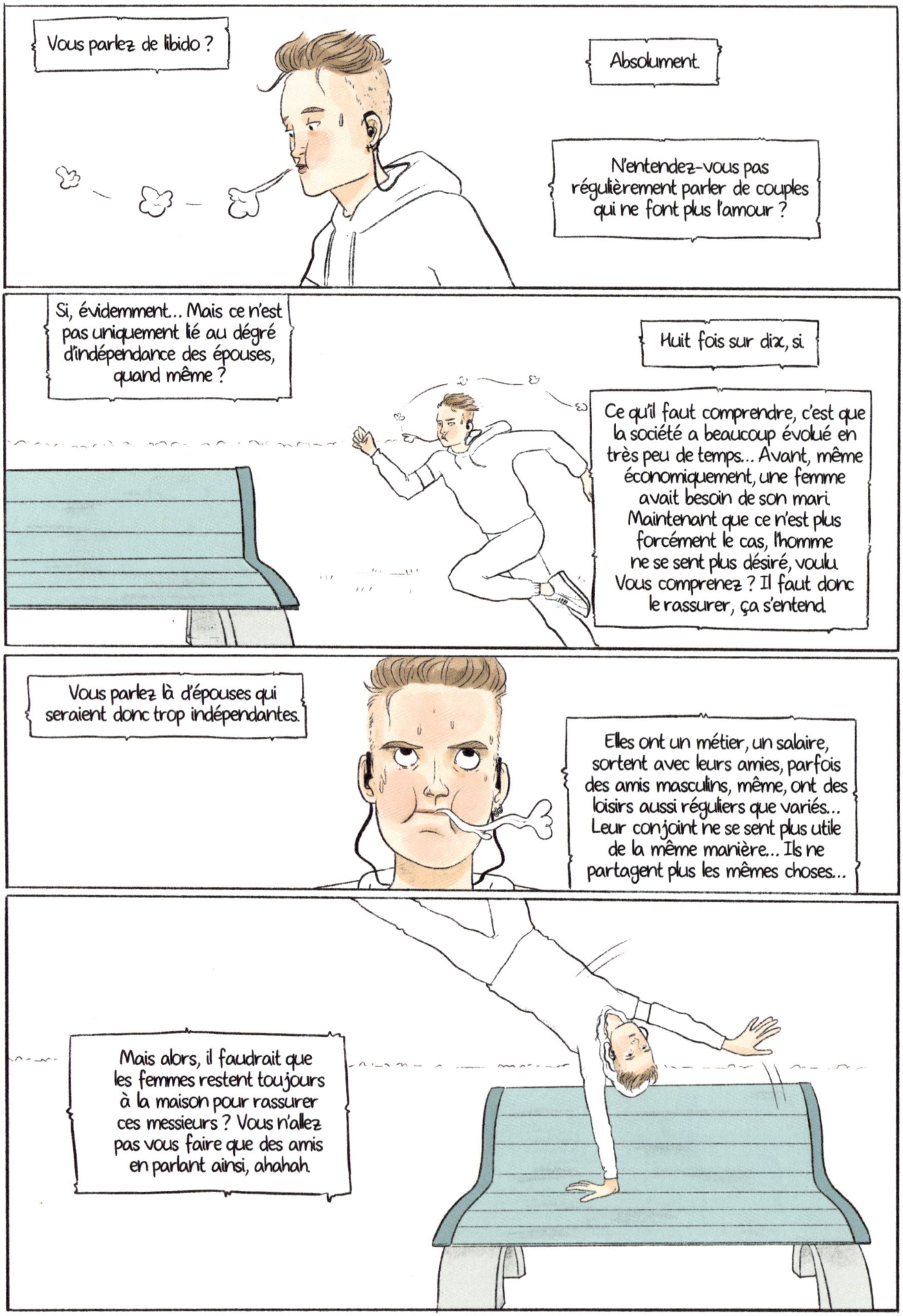

Vous parlez de libido ?
Absolument.
N'entendez-vous pas régulièrement parler de couples qui ne font plus l'amour ?
Si, évidemment... Mais ce n'est pas uniquement lié au dégré d'indépendance des épouses, quand même ?
Huit fois sur dix, si.
Ce qu'il faut comprendre, c'est que la société a beaucoup évolué en très peu de temps... Avant, même économiquement, une femme avait besoin de son mari. Maintenant que ce n'est plus forcément le cas, l'homme ne se sent plus désiré, voulu. Vous comprenez ? Il faut donc le rassurer, ça s'entend.
Vous parlez là d'épouses qui seraient donc trop indépendantes.
Elles ont un métier, un salaire, sortent avec leurs amies, parfois des amis masculins, même, ont des loisirs aussi réguliers que variés... Leur conjoint ne se sent plus utile de la même manière... Ils ne partagent plus les mêmes choses...
Mais alors, il faudrait que les femmes restent toujours à la maison pour rassurer ces messieurs ? Vous n'allez pas vous faire que des amis en parlant ainsi, ahahah.

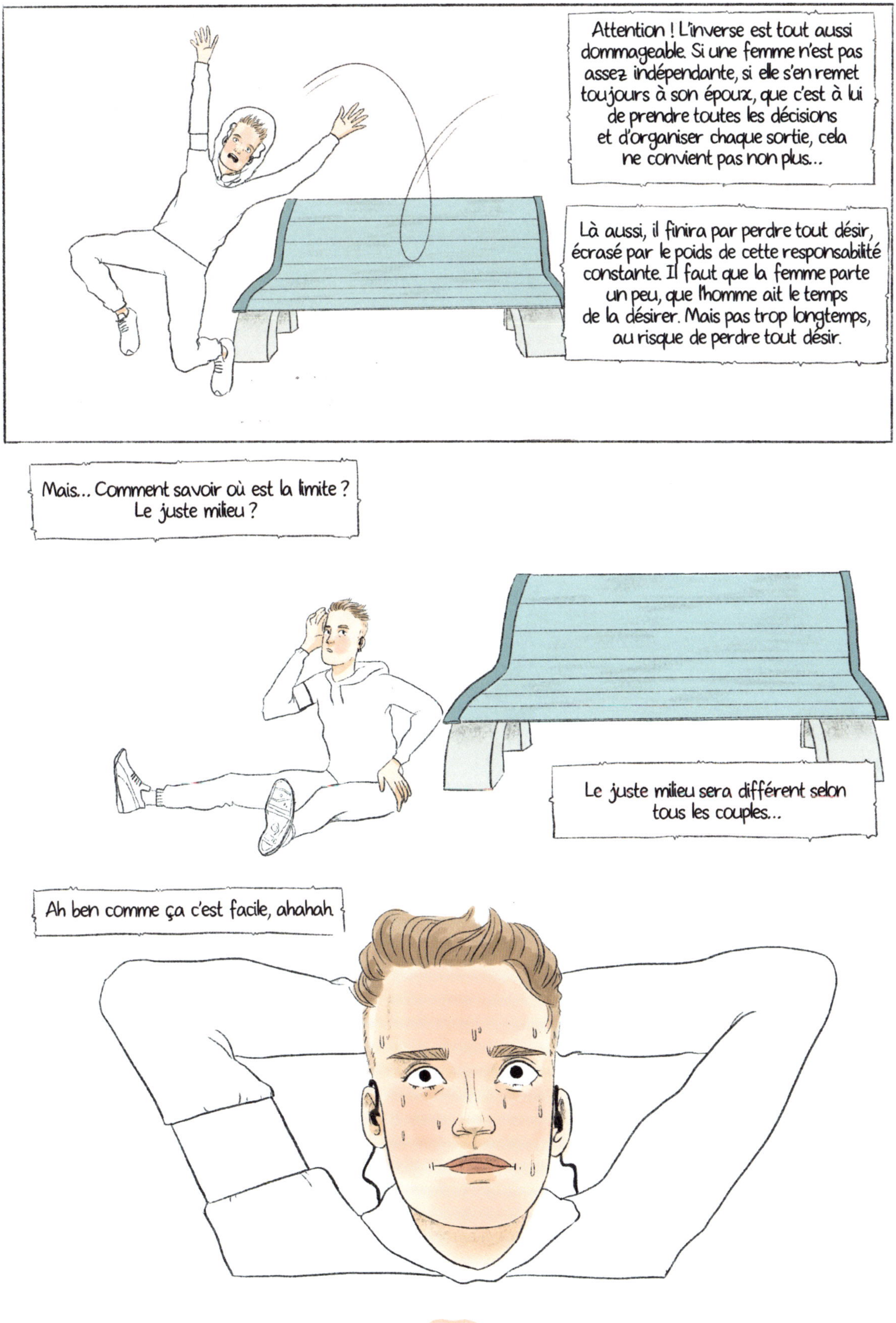
Attention ! L'inverse est tout aussi dommageable. Si une femme n'est pas assez indépendante, si elle s'en remet toujours à son époux, que c'est à lui de prendre toutes les décisions et d'organiser chaque sortie, cela ne convient pas non plus...
Là aussi, il finira par perdre tout désir, écrasé par le poids de cette responsabilité constante. Il faut que la femme parte un peu, que l'homme ait le temps de la désirer. Mais pas trop longtemps, au risque de perdre tout désir.
Mais... Comment savoir où est la limite ? Le juste milieu ?
Le juste milieu sera différent selon tous les couples...
Ah ben comme ça c'est facile, ahahah

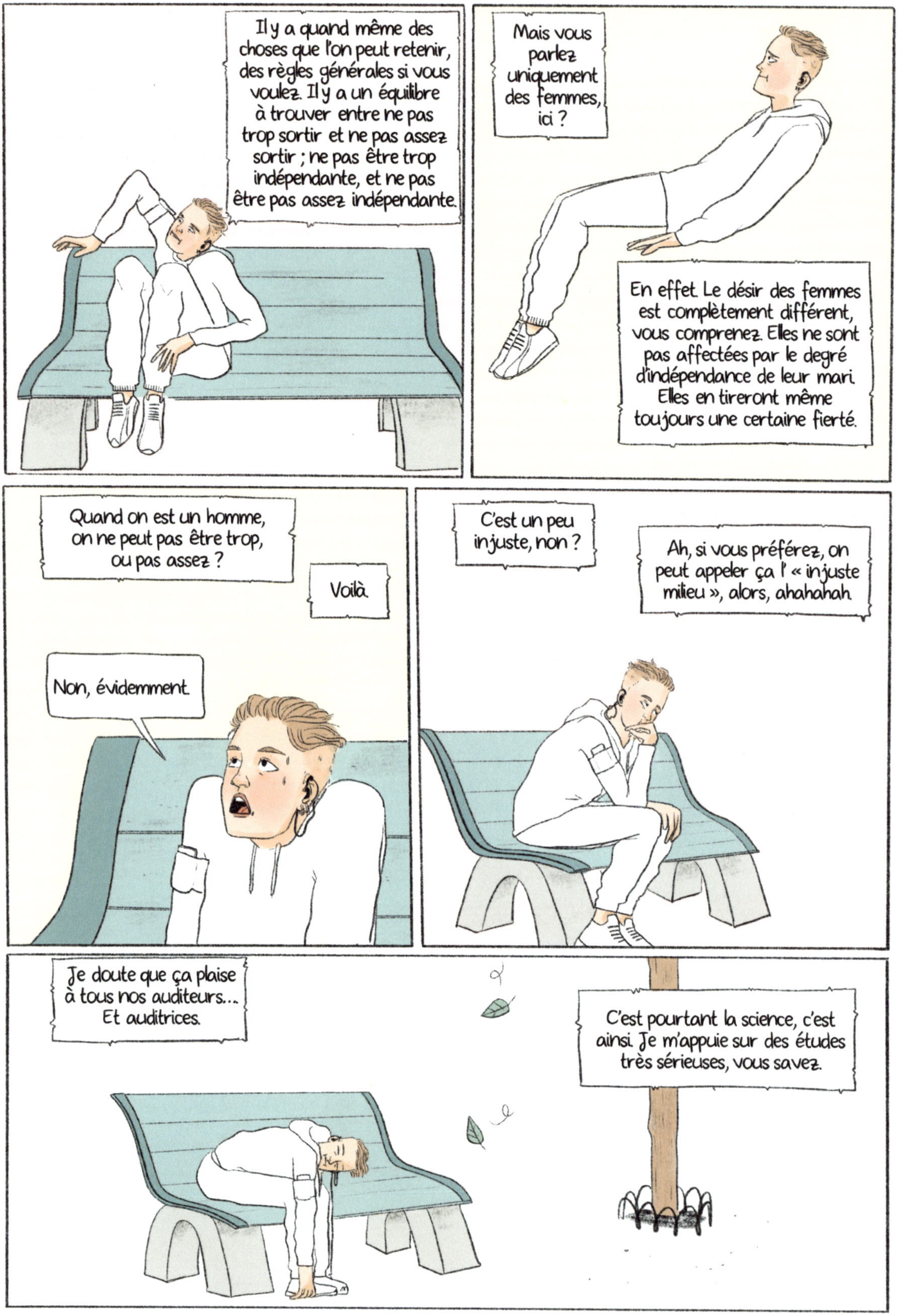
Il y a quand même des choses que l'on peut retenir, des règles générales si vous voulez. Il y a un équilibre à trouver entre ne pas trop sortir et ne pas assez sortir ; ne pas être trop indépendante, et ne pas être pas assez indépendante.
Mais vous parlez uniquement des femmes, ici ?
En effet. Le désir des femmes est complètement différent, vous comprenez. Elles ne sont pas affectées par le degré d'indépendance de leur mari. Elles en tireront même toujours une certaine fierté.
Quand on est un homme, on ne peut pas être trop, ou pas assez ?
Voilà.
Non, évidemment.
C'est un peu injuste, non ?
Ah, si vous préférez, on peut appeler ça l'« injuste milieu », alors, ahahahah.
Je doute que ça plaise à tous nos auditeurs... Et auditrices.
C'est pourtant la science, c'est ainsi. Je m'appuie sur des études très sérieuses, vous savez.

Ah... Eh bien si vous le dites. Je m'interroge tout de même sur la façon qu'a le désir masculin d'être toujours perçu comme central et...
C'est peut-être ça le souci... Je suis trop indépendante ?
Roouuu
LA TRADUCTION D'ALBERTIN, NOTRE EXPERT PIGEON
c'est moi !
« Absolument pas. Ce que tu fais beaucoup trop, c'est écouter des podcasts qui te foutent la mort chaque fois que tu viens t'entraîner ici. Arrête d'accorder de l'attention à des blaireaux pareils. »
Trop indépendante ! Mon rectum, oui.
Faut toujours qu'il se la joue à la parler latin, lui.
Oh ! Mate un peu ! Une miette de pain toute fraîche !
merci, Albertin

Rooooou!
TROP
MANIAQUE
VVVVVVRRRRRRRRRRR

PAS
ASSEZ
maniaque
Rou.

Moineau
Pâtiss
Moineau
Pâtisserie
Moineau
Salon de thé
Salon de thé

SALON★DE★THE
Ah non, mais, si je ne lui dis pas exactement ce qu'il faut faire, il est perdu !
Fais gaffe, quand même, faut pas l'infantiliser... Les mecs détestent ça...
Ben moi, je déteste qu'il ne pense jamais tout seul à passer la serpillière !
Déjà la vaisselle tu as l'impression que ça lui arrache un bras, sans déconner...
L'éternel problème du couple...
Y en a toujours un qui fait plus que l'autre. Faut trouver son équilibre...

L'équilibre, ce serait que les mecs avec qui on se met en couple ne se comportent pas comme des gamins à qui on doit tout apprendre.
T'es remontée aujourd'hui...
Et puis tu vois, tu l'infantilises ! C'est pas bon, ça...
Mais j'y peux rien, il sait pas prendre d'initiative !
Même au lit ?
Ah si, là comme par hasard, l'initiative il sait faire...
Non mais c'est vrai que c'est pesant qu'ils puissent pas se dire : « Tiens c'est bof, ici, allez, un coup de ménage. »
Il y a des gens, il faut vraiment que ce soit méga crado pour qu'ils se bougent...
Et après, quand je me décide à le faire car je vois bien que ce ne sera pas fait autrement, il ose me sortir : « Mais j'allais le faire ! »
Peut-être qu'il allait vraiment le faire ?

Mais non ! C'est juste son excuse toute trouvée pour faire style qu'il est pas si dégueu, en vrai...
C'est comme en tout, faut se mettre d'accord sur un rythme, peut-être, non ? Vous en avez pas parlé ?
Bien sûr que si, mais des fois, hors du ménage hebdomadaire, tu taches un truc, tu attends pas que ce soit le jour du lavage pour nettoyer, si ?
Non, en effet... J'avoue que nous, on n'a pas de problème. Eliott comme moi, ça ne nous gêne pas le ménage... Ou alors c'est qu'on est tous les deux crados, je sais pas.
En tout cas la façon dont on gère le ménage nous convient.
Ben t'as bien de la chance, moi ça me prend le chou, et ça m'épuise...
Quand pour le troisième jour de suite, je dois ramasser les miettes sur sa putain de table du petit déjeuner, ça me rend dingue !
Et même si tu lui dis, il ne fait rien ?
Ah si, il fait...
Il dit : « Je vais le faire ! »

Toi tu fais comment pour que ton mec fasse le ménage ?
Ben franchement, j'ai pas mal de chance, il m'aide quand même...
Il t' « aide » ??? C'est pas chez lui ??
Non mais on va pas se mentir, la gestion de la maison, c'est plus mon domaine...
Donc c'est plutôt toi qui fais tout, non ?
Écoute, moi, pour ne pas être déçue, j'avais lu que le mieux, c'était d'accepter et de faire soi-même... Comme dans le proverbe « On n'est jamais mieux servie que... »
Que par un système de merde.
Ben en tout cas tu peux pas être déçue si tes attentes sont super basses.

Ah ouais, super comme réflexion, ça donne envie...
Je te signale que c'est un truc de développement personnel hyper sérieux.
Vas-y, explique-nous.
Tu ne peux pas changer la réalité, seulement la manière dont tu perçois la réalité. Donc si tu souffres d'un truc...
... C'est pas parce que tu vis un truc qui te fait souffrir, mais parce que tu te plains trop... Ouais ouais, j'ai ma psy qu'a essayé de me sortir ça un jour... J'ai vite changé de psy, je te le dis.
Et la nouvelle, elle dit quoi ?
Elle dit que mon copain devrait bouger son cul.
Attends, elle parle comme ça ?
Non, mais t'as compris ! Au moins elle m'a fait comprendre que c'était pas moi qui étais trop exigeante, comme lui essayait toujours de me le faire croire.
Après, c'est vrai qu'il y a des gens maniaques.

Tu me connais depuis suffisamment longtemps pour savoir que c'est pas mon cas.
J'avoue, j'ai jamais trouvé Lucie maniaque.
Toi en revanche, tu devrais faire gaffe, car à trop peu demander, on n'obtient jamais rien non plus...
Après, c'est vrai qu'il y a des gens maniaques...

Moineau

Psycho
PAS ASSEZ JALOUSE?
ST-VIATEUR BAGELS
Et Voilà
Caroline Gendron
TROP JALOUSE DE SA BELLE-FILLE
SECRET

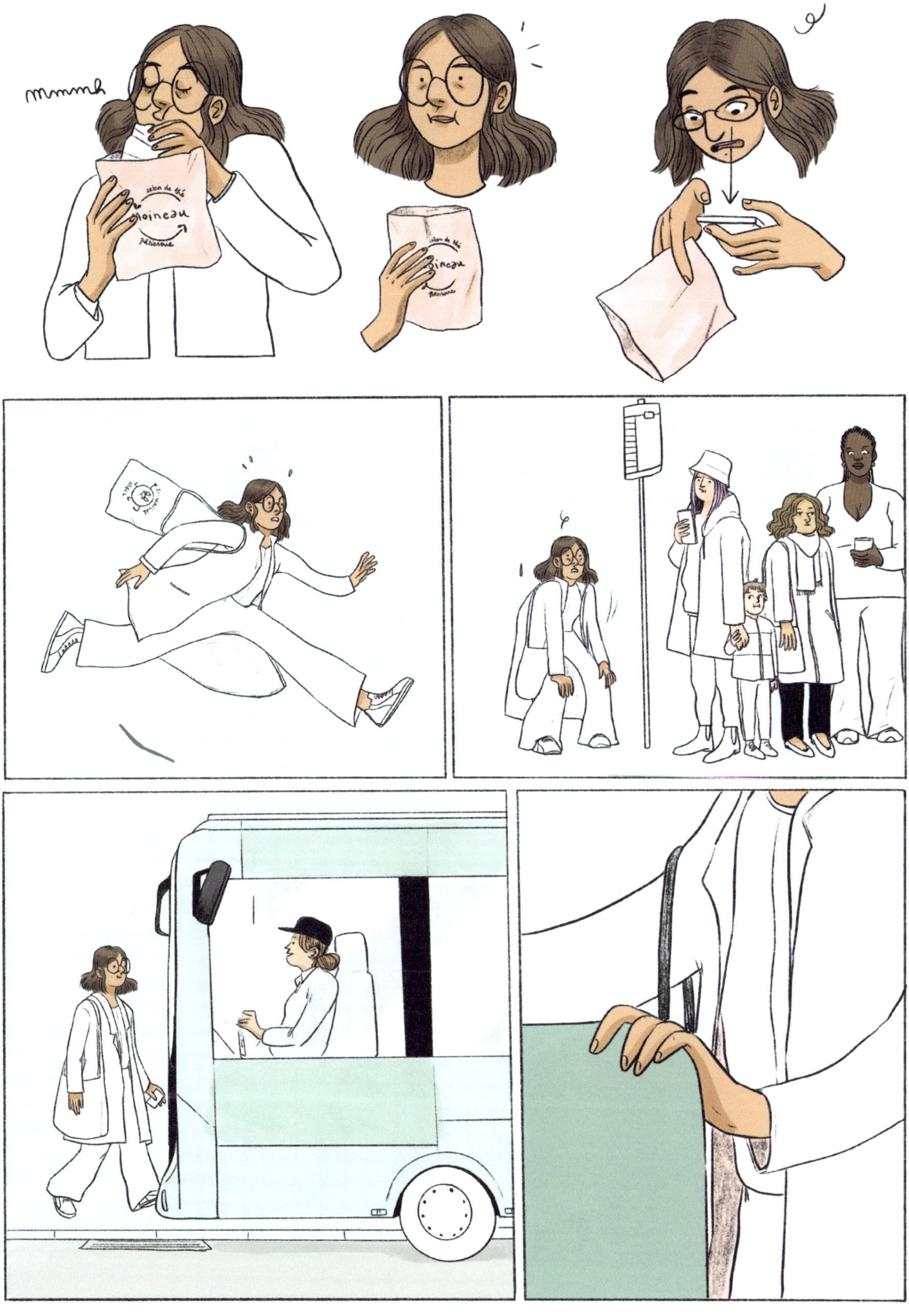
mmmmh
salon de thé
pâtisserie

C'est quand même bizarre, que ça te fasse rien que j'aie revu mon ex...
C'est pas comme si tu m'avais rien dit et que tu l'avais vue en douce...
Et puis je te fais confiance, tout simplement.
Certes mais c'est mon ex... Il y a un passé entre nous, tu vois.
Je vois très bien, mais vu ce que tu m'as dit de ce passé, je ne pense pas que tu aies spécialement envie de le revivre, si ?
Non, mais j'ai été attiré par cette femme, donc forcément, je suis toujours attiré, quelque part.
Je ne sais pas, je ne marche pas forcément comme ça, perso...
Moi quand c'est fini, c'est fini, l'attirance est finie aussi car justement je ne vois plus uniquement ça, mais tout le reste.
Et puis je sais que c'est dur à comprendre mais... On peut ressentir du désir sans que ça se traduise en actes, non ?

Je reste un homme quand même !
C'est vrai que nous les femmes on n'est attirées par personne…
Attends t'es attirée par quelqu'un là, en ce moment ? Quelqu'un d'autre que moi ?
Pas spécialement, non…
AH ! T'as pas dit « non » tout de suite…
J'ai littéralement dit « non » en fait…
Mais c'est qui ? Je le connais ?
Non, mais je ne suis attirée par personne en particulier je t'ai dit !
« Personne en particulier » ? Mais beaucoup de gens en général ?
Pas du tout ! C'est juste, tu sais, comme ça, des fois, tu croises une personne, tu la trouves attirante, ça arrive, non ?
Là tout de suite maintenant, tu es attirée par quelqu'un dans le bus ?
Mais non ! Arrête un peu avec ça ! Tu vois, c'est pour ça que j'aime pas quand tu commences comme ça…

Comme quoi ?
Tu essaies de me rendre jalouse, ça ne marche pas, et je ne sais pas si c'est pour me punir ou quoi, mais ensuite c'est toi qui es jaloux sans raison !
Moi, je suis jaloux parce que je t'aime.
Donc moi je ne t'aime pas ? On ne peut pas aimer sans ressentir de jalousie ?
Je ne pense pas, non.
Ah ben merci
Franchement, c'est pas bizarre, ça, que tu sois pas un tout petit peu jalouse quand je sors ? Surtout si je revois mon ex avec qui je suis resté trois ans ?
Tu préférerais que je t'empêche de la voir ?

Pour tout te dire, ça me gênerait pas. Ça me prouverait que tu tiens à moi.
Je croyais qu'après ton autre ex tu ne voulais plus jamais revivre ce genre de relation ?
Nora ? Ah ouais mais elle, c'était n'importe quoi ! À la fin de notre relation, j'avais même plus le droit de sortir... C'était maladif, chez elle.
Maladif, maladif...
Tu l'as quand même trompée deux fois, moi je la comprends...
Ouais mais j'étais jeune.
Elle aussi, et elle, elle t'a pas trompé. Et cette première relation ne l'a pas fait super bien partir dans la vie, tu vois...
Hé mais j'ai changé !
Je sais, mon amour, je sais... Mais j'aimerais bien que tu comprennes que c'était peut-être pas seulement elle qui était ultra jalouse, mais toi qui l'as mise en position de toujours douter...
Mais toi je te ferai jamais ça... Tu sais bien...
C'est pas juste ça, la question...

Mais si, c'est ça, la question...
Si tu comptes ne rien faire, pourquoi faudrait-il que je sois jalouse, alors ? Tu trouves pas que c'est contradictoire ?
C'est pas une contradiction, c'est juste que je suis un être humain ! J'aimerais que tu sois jalouse juste ce qu'il faut pour que je me sente aimé, quoi !
Moi je ne me sens pas plus aimée quand tu me tapes une colère parce que tu es jaloux, sincèrement...
Et pourtant, c'est évident que c'est ça
Si tu le dis...
Et puis toi, tu es attirée par encore plus de gens, comme les hommes, les femmes et les personnes non binaires te plaisent...
Arrête...

Moi je t'ai dit que ça m'excite, quand c'est des femmes qui t'attirent… Elles, tu peux les regarder tant que tu veux…
Du moment que j'ai le droit aussi. Et que tu me racontes ce que ça te fait.
Hihi ! Alors toi, la jalousie, c'est vraiment comme ça t'arrange !
ROOOUU*
978€
* « Mais barre-toi et laisse donc ce gros naze ! »
Oh, regarde, c'est trop drôle le pigeon, comme il s'agite !
Ouais, enfin, cherche pas à comprendre. C'est quand même un peu con, un pigeon.

TROP MATERNELLE ?
XFW-K78-99
Elle a d'autres priorités…
PAS ASSEZ MATERNELLE
Un film de Fred Conspos
?
Bonjour mademoiselle !
Vous avez cinq minutes ?

Signez notre pétition pour une vraie égalité !
rnelle Louise Mi
Que les hommes soient enfin reconnus comme étant aussi des parents à part entière !
Niveau part, pourtant...
ST-VIATEUR
BAGELS
Oui, il y a encore des papas peu impliqués. Mais regardez, on est là, nous !
Et vous allez régulièrement chercher vos enfants à l'école ?

Ben pas en ce moment, comme on essaie de faire bouger les mentalités, on fait des actions comme celle-ci, à cette heure-là, vous comprenez.
Donc avant que vous commenciez ces « actions », vous alliez chercher vos enfants ?
Ben non j'avais pas le temps !
Je travaillais.
Et je sais ce que vous allez dire. Oui ma femme travaillait aussi mais déjà hein, bon, ça n'a pas toujours été le cas, elle la carrière, ça l'a jamais intéressée, elle était plus vie de famille, et en plus comme c'est une femme elle a pu avoir son temps partiel, modifier ses horaires et tout...
Vous, votre patron avait refusé ?
Ah ben ça servait à rien que je demande ! Je savais très bien ce qu'on allait me répondre.
Mais du coup, vous venez demander qu'on change le nom de l'école...
C'est une action symbolique, comme on dit ! Les femmes disent que l'écriture inclusive, c'est important, mais elles oublient toutes les fois où nous, on est exclus du langage, pouf, comme ça !

Non mais arrêtez ! Vous, par exemple, vous ne trouvez pas que c'est important pour votre père, qu'il soit plus reconnu ?
Pas tellement, non, vu qu'il s'est barré quand j'avais deux ans.
Voilà ! Et j'imagine qu'il n'a même pas eu la garde !
Ben vu qu'il s'est bien gardé de nous dire où il était, ça aurait été difficile, vous voyez.
Il y a des pères qui font beaucoup pour leurs enfants, vous savez.
Bien sûr. Comme faire des actions de ce type plutôt que d'aller chercher les petits, finalement.
C'est pas ma faute, ma femme veut pas que je vienne les chercher. Comme beaucoup de bonnes femmes, elle supporte pas qu'on s'approche de ses gosses...
Bon, vous signez notre pétition ?
Non, vraiment, SANS FAÇON

Vous savez, on a des femmes qui nous soutiennent !
Félicitations.
ALICE !
Aliiiiiiiiiice, viens voir !
Viens !
Oui ?
Dis-lui, à mademoiselle...
C'est quoi votre prénom, déjà ?

Dis-lui à quel point ce mouvement t'a permis de t 'émanciper.
Depuis que j'ai rencontré Jérôme, c'est vrai qu'il m'a fait prendre conscience de certaines choses...
AH ! Vous voyez ? Jérôme, c'est moi
Vas-y, dis-lui à quel point tu galérais avant
Je devais tout faire pour mes enfants.
C'était toujours moi qu'on appelait
Et maintenant, on appelle votre compagnon ? C'est lui qui les garde ?
Non, maintenant je les mets chez une nounou.
On a cherché un homme, mais vous voyez c'est hyper difficile à trouver...

Vous ne vouliez pas garder ses enfants pendant qu'elle militait ?
Non mais j'ai besoin d'être là. C'est moi qui ai monté ce groupe. Je tiens mes engagements, vous comprenez.
Vous êtes sûr que ce genre de revendications, c'est...
Elle, elle a compris pile où se positionner : en tant que mère, elle a des droits, mais aussi des devoirs.
Envers ses enfants, j'imagine.
Déjà envers le père !
Bon, j'ai pas le temps ni l'envie d'écouter ça, désolée...
Tiens, va faire signer la vieille qui arrive, là-bas.
Vous savez, en matière de parentalité, c'est la grande injustice.
Tu m'étonnes.
Moi, je n'ai jamais été reconnu pour mon rôle de père, et pourtant, mes deux petits, je peux vous dire que sans moi...
Qu'est-ce que tu fais encore là ? Qu'est-ce que je t'ai déjà dit ?!!
Hé mais c'est pas l'école des nôtres, ici ! Pourquoi t'es pas à leur sortie ?
Parce que j'ai appris que tu faisais encore ce genre d'imbécilités.

… mais devant d'autres écoles. J'ai demandé à la voisine de récupérer les enfants pour que je puisse venir te dire que tu es ridicule, Jérôme.
Vous n'avez pas signé son torchon ?
Non, ça risque pas.
Il change d'établissement à chaque fois. Avec sa bande de machos, là, ils épuisent tout le monde.
Y en a que pour les mères !
Parce qu'elles font tout.
Parce qu'elles nous laissent rien faire
Parce que vous ne vous battez pas pour vous en occuper, arrête ! Avant qu'on se sépare t'en avais rien à secouer, de tes gosses, et maintenant tu viens gonfler tout le monde avec tes pétitions pourries.
Elles sont importantes ces pétitions ! Monsieur, j'ai pas raison ?
Non.

C'est à cause d'hommes émasculés comme vous qu'on perd la garde de nos gosses !
Et c'est à cause de types comme vous que ma gamine a peur quand elle sort, donc si vous pouviez écouter madame et ne pas revenir...
C'est vrai, ça
Ils viennent donner des leçons mais je les ai jamais vus avec leurs gosses...
Dangereux, même.
Mais vous, vous croyez que vous êtes de bonnes mères ! Alors que vous les étouffez, voilà !!!
Je te promets, rassemble tes amis et allez-vous-en ou ça va mal finir.
Et vous, qu'est-ce que vous faites là, encore ? C'est pas l'heure d'aller chercher votre gamin, pour qu'on vous félicite d'être « une si bonne mayyyre » ?
Je n'ai pas d'enfants.
Quelle génération d'égoïstes !

Pouvoir aux Femmes
MARYLENE CHAPOUX
Pouvoir aux Femmes
TROP FÉMINISTE

Pouvoir aux Femmes
MARYLENE CHAPOUX
Pouvoir aux Femmes
PAS ASSEZ
FÉMINISTE

Ne nous libérez pas... ON S'EN CHARGE !
Fières & non-binaires
le racisme la transphobie l'homophobie le validisme TUENT
Mères en colère
MON CORPS MON CHOIX
Hey !
Salut Élodie !
Tu nous rejoins ?
MON CORPS MON CHOIX
Un cookie ?
Le prix est libre.
Laurence a cuisiné des nouveautés qui devraient te faire plaisir...
- COOKIES
- JOIE
C'est trop trop bon !
MON
MON
Ah bah tu sais me parler !

Ça ne vous rend pas un peu tristes que des personnes aient besoin de faire ça ?
Si, c'est dingue qu'il y ait encore besoin de lutter pour des trucs si évidents...
Non, j'voulais dire : ça ne vous rend pas tristes qu'il y ait des gens qui pensent que tous leurs gestes, tous leurs mots doivent servir à ça ?
Même au parc, et devant leurs enfants ?
Vous par exemple, vous êtes féministes, non ?
Et pourtant vous ne vous sentez pas obligées d'être tout le temps à revendiquer des trucs...
Et je sais pas si vous chanteriez des trucs aussi glauques à côté de vos petits cousins...

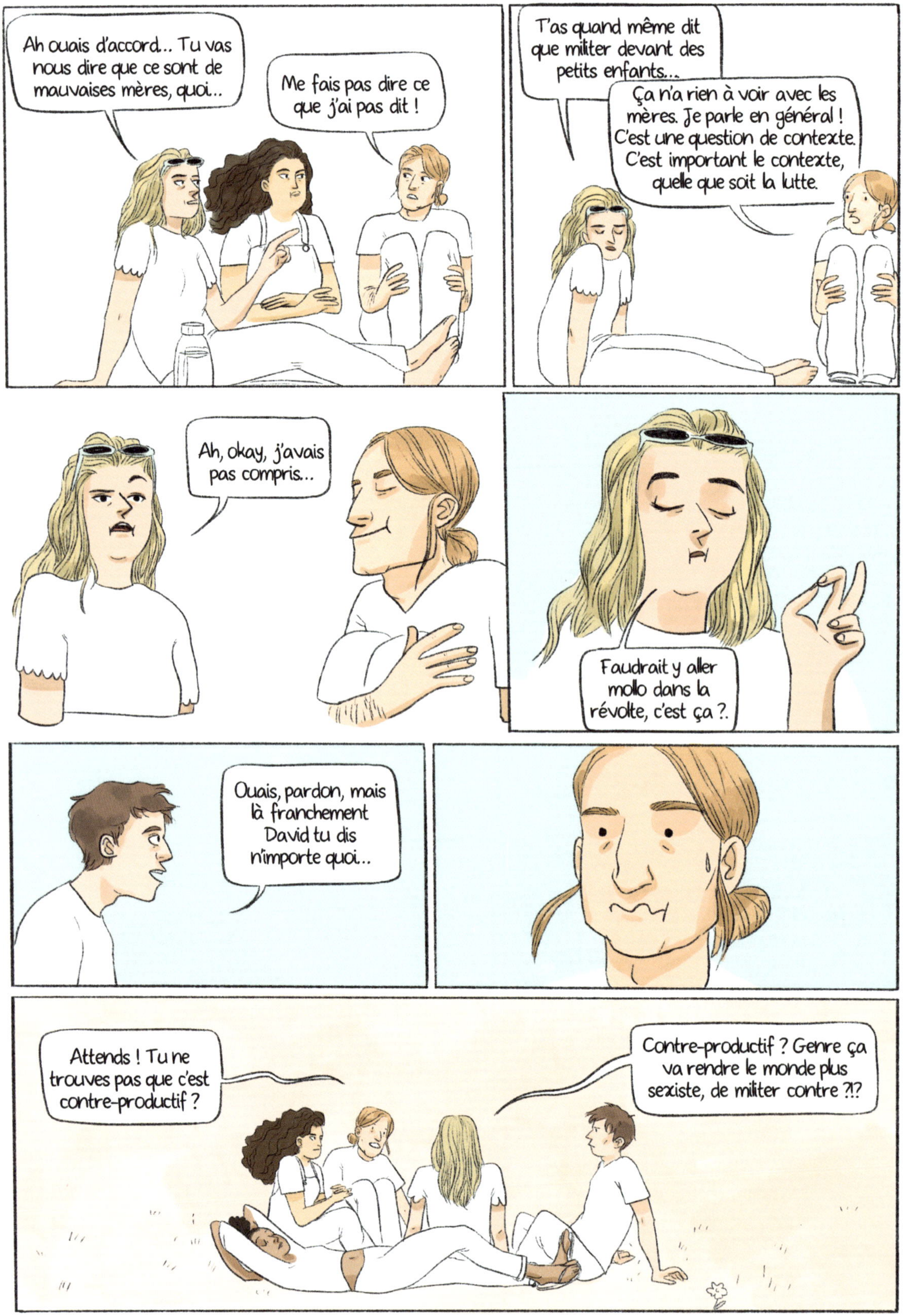

Ah ouais d'accord... Tu vas nous dire que ce sont de mauvaises mères, quoi...
Me fais pas dire ce que j'ai pas dit !
T'as quand même dit que militer devant des petits enfants...
Ça n'a rien à voir avec les mères. Je parle en général ! C'est une question de contexte. C'est important le contexte, quelle que soit la lutte.
Ah, okay, j'avais pas compris...
Faudrait y aller mollo dans la révolte, c'est ça ?.
Ouais, pardon, mais là franchement David tu dis n'importe quoi...
Attends ! Tu ne trouves pas que c'est contre-productif ?
Contre-productif ? Genre ça va rendre le monde plus sexiste, de militer contre ?!?

Non, mais ça risque de rendre les enfants traumatisés d'entrée de jeu par le sexisme, par le poids du genre.
De leur mettre direct dans la tronche.
De leur donner une image hyper négative du monde, en fait. Je sais pas si c'est super féministe de faire flipper les gamins.
Les mômes n'ont pas l'air de passer un moment effroyable je dois dire...
Et heureusement que tu es là pour leur apprendre le vrai féminisme.
Sinon, tu sais, tu peux proposer d'aller les garder, non ? Puisque ça te choque à ce point.
Ah, c'est facile ça... Il y a bien d'autres moyens, d'autres moments, non ?
Mince, il fallait te demander l'autorisation !
Voilà. Tout de suite sur la défensive.
L'ironie, ça fait mégère...
Fais gaffe, on est à deux doigts d'être trop en colère.
Faites pas exprès de pas comprendre !
Bien sûr que c'est important de militer, sans ça l'injustice ne s'éteindra pas toute seule...
Mais pourquoi là, franchement ? Par une journée pareille, en plein trip bisounours ?
On est tous tranquilles à prendre le soleil, je t'avoue que je ne m'attendais pas en venant à devoir réfléchir à la question du viol..
T'as raison, ça casse l'ambiance de briser le silence.
On pourrait choisir les moments où on a peur, quand même.
Aucun effort...
Les filles...

... devenez pas une caricature, quand même... Prenez Laure, par exemple...
Non, alors si vous pouviez me laisser en dehors de vos embrouilles...
Elle est méga féministe, on le sait, mais discrètement. La preuve, là, elle n'a pas rejoint le groupe en mode révolution générale.
Laure peut faire ce qu'elle veut sans que t'utilises ça pour critiquer d'autres féministes, franchement...
Je te signale que je respecte énormément les personnes féministes ! Je sais bien à quel point c'est dur pour elles. Moi, je trouve que la violence sexiste, c'est ignoble, et je n'ai jamais forcé quiconque à faire quoi que ce soit, au lit ou ailleurs...
Ah bah tiens alors !
Ah, cool, merci !
Là, par exemple, ça va, comme geste ? Tu vois pas le souci ?
Ben c'est pas parce qu'elle est féministe qu'elle peut pas cuisiner des cookies et en offrir à un homme ! Vous me reprochez des trucs, mais c'est vous, les femmes, qui vous jugez trop entre vous !
Non mais laisse t'inquiète...

Non mais c'est bon j'ai compris !
SCHKRONCH SCHKRONCH
Tu vois, là...
Arrête.
Pourquoi tu es contre la discussion ? C'est important de débattre.
Mais il n'y a rien à débattre ! T'es l'exemple même de pourquoi ces personnes sont là à militer...
Moi ? Mais c'est n'importe quoi ! Les femmes que je préfère, c'est justement les femmes libérées, j'arrête pas de le dire !
Oui, tu le dis un peu trop, même...
Regarde, Laure par exemple. Elle est hyper libérée, elle couche avec tellement de gars, et j'ai jamais rien dit !
Non alors je répète : si vous pouviez me laisser en dehors de vos embrouilles...

Et pourtant franchement, elle ne s'épile pas tout le temps, et des fois, même, ça se voit, comme quoi ça veut rien dire...
Mais y a rien qui va dans ce que tu dis là !!!
En tout cas Laure, c'est vraiment la définition de la féministe qui fait avancer les choses.
Sans victime collatérale.
Regarde, encore un hyper bon exemple !
Laure, c'est le charisme. Aucun mot, aucun son, et bim, une leadeuse malgré tout.

Tu aimes décidément beaucoup les gens qui ne disent rien.
Parce qu'il n'y a pas besoin de parler, je te dis ! Est-ce que c'est pas ça, la vraie révolution, en fin de compte ?
Qu'il n'y ait plus d'explication à donner ? Que tout à coup, on trouve ça juste normal de suivre des personnes qu'on ne considérait pas comme dominantes ?
C'est quand on a réellement créé de nouveaux réflexes qu'on a profondément changé les choses, pas quand il y a besoin de toujours éduquer...
Rabâcher les slogans, réinventer la roue...
Moi, en tant que privilégié, j'ai hyper conscience de ça, je me remets en question constamment. C'est pour ça que je n'ai pas besoin qu'on me le rappelle.
D'ailleurs, si je dis la vérité, je pense que vu comme je soutiens les femmes libres...
... Je suis plus féministe que la plupart...
... des personnes...
Personnes cis, ne soyez pas complices
Homme libre, toujours tu chériras ta mère
... présentes ici
TON TORT, MA LOI
MON CORPS MON CHOIX

Il y en a toujours un pour dire ça.
Un ? Tu rigoles ? Il y en a toujours plusieurs.
Au moins cinq par action, je pense ! Pour venir nous dire qu'ils savent ce que c'est, « une personne sexisée ou minorisée libre ».
Alors qu'il faut peut-être changer un minimum d'échelle.
Ce n'est jamais une affaire purement individuelle.

Notamment parce qu'il y aura toujours quelqu'un pour trouver que c'est trop… Ou pas assez…

Le genre est fluide
ta connerie est limpide
MA VIE MES DROITS
fin.

Je vous le laisse juste après !

LA TRAVERSE

Aux prochain·es lecteur·ices :
j'ai piqué les fiches recettes
de Laurence ; désolée !
Contactez-moi via La Traverse
au besoin...

Élodie

P.S : surtout pour les cookies ☺

Fiche technique # 1

TU PRENDS TOUT MAL, AUSSI...

TU VAS QUAND MÊME PAS T'HABILLER COMME ÇA ?

TOI AU MOINS TU AS DES FORMES, C'EST PLUS JOLI... !

On vous dit souvent qu'il vous faut faire preuve de plus de résilience ? Accepter d'autrui la bienveillance ? Savoir relativiser ? Oublier vos complexes ? Mieux gérer votre temps, vos émotions, vos angoisses ?

RESPECTE-TOI, D'ABORD.

DOMMAGE, MADEMOISELLE, VOUS SERIEZ ENCORE PLUS BELLE AVEC LE SOURIRE.

C'EST POUR TON BIEN QUE JE DIS ÇA !

Les multiples facettes d'une rhétorique foireuse, un diagramme :

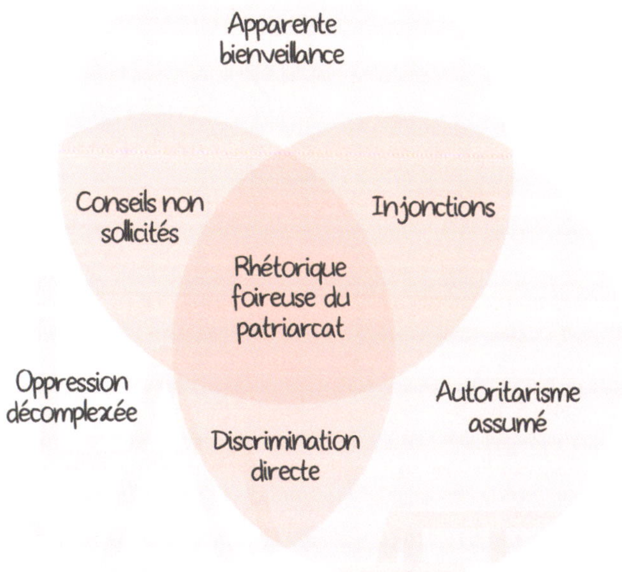

La rhétorique foireuse du patriarcat n'est pas toujours un discours explicite, monolithique, immédiatement identifiable. Car alors il serait facile de l'évincer d'une simple pichenette.
Malheureusement, cette rhétorique n'est pas non plus le propre des misogynes assumés. Pernicieuse, elle s'infiltre dans nos propres codes et structures de pensées, quand bien même on voudrait lutter contre.
Car on ne se construit jamais seul·e, dans une société.

La rhétorique foireuse du patriarcat s'insinue dans les paroles les plus anodines, dans le quotidien le plus discret. C'est qu'elle veille sur les normes. Et qui dit « normes » dit apparence de « normalité ». Un tel discours ne vient pas toujours avec tambours et trompettes vous hurler dans les oreilles. D'ailleurs, il aime particulièrement les remarques faussement bienveillantes.

Ce que permet cette rhétorique, c'est un contrôle social permanent, et assumé par tou·tes. Car pour être efficace, un contrôle social a besoin d'entités policières. Nous avons ainsi tou·tes la capacité de le devenir à un moment ou à un autre, sans en avoir même conscience.

Il ne s'agit pas ici de se flageller, ni d'abdiquer d'office devant l'écrasement auquel on semble faire face. Il s'agit simplement de ne pas perdre de vue que le propre d'une rhétorique est de regrouper un ensemble d'outils discursifs et d'arguments pour mieux convaincre. Et de conscientiser nos discours pour ne pas véhiculer soi-même des stéréotypes limitant sentiments, expériences et identités.

* * *

Attention, on aime parfois bien conseiller le développement personnel pour éviter l'interrogation collective... Or :

CECI...	NE COMPENSE PAS FORCÉMENT CELA
Une psychanalyse	Une éducation violemment sexiste
Un livre de coloriage	L'impossibilité de s'accorder du temps libre après qu'on nous a bien fait comprendre que toutes ses minutes de libre, on devait les passer aux tâches ménagères.
Un diagramme simplificateur (même celui-ci-dessus oui)	Une société ultra complexe

(Pas que ça n'aide pas du tout, hein... Mais si chez vous ça ne résout rien, ne détend rien, n'en concluez pas forcément que c'est vous qui avez un problème.)

Étudier le système d'une langue sexiste, sa rhétorique ordinaire, ne revient pas à tout expliquer de la même manière, à tracer des équivalences là où il y a variations. On rigole, avec ce diagramme, mais on en pleure aussi : là où certaines remarques ou idées vaseuses visent à l'autocorrection permanente (ce qui est sexiste et en cela déjà inacceptable), certaines remarques ou idées toujours vaseuses conduisent aussi à se voir refuser un travail, un salaire égal, un logement, à ne pas être traité·e avec respect et dignité dans un parcours de soins...

Donc en plus d'être de la merde, c'est l'expression d'une discrimination plus ou moins masquée, plus ou moins directe, mais une discrimination néanmoins. Une inégalité de droits incontestable.

En d'autres termes, que tout soit lié et provienne de la même rhétorique foireuse de base n'empêche pas que les implications puissent être largement différentes.. Et donc puissent exiger une méthode de sabotage bien différente...

Fiche technique #2

N.B. : Le fait que certaines personnes parviennent à passer « au-dessus » de ces remarques, par résistance, habitude, lassitude ou j'm'en bas-les-steakitude, ne rend pas lesdites remarques moins sexistes – on le dit parce que, comme toujours, on va venir nous chercher LE contre-exemple ultime : « Bah ma copine, elle, quand elle entend ça, ça ne l'atteint pas, tu vois. Donc c'est pas vraiment un vrai problème, en vrai... »

N.B. 2 : Si vous pensez qu'on va accuser la personne qui justement le vit bien, voire est flattée de ces remarques fondées sur une appréhension puissamment sexiste du monde (au hasard, par exemple, ce fameux « compliment » : « t'es vraiment pas comme les autres femmes, tu sais... »), vous vous mettez le doigt dans l'œil jusqu'au slip. Pourquoi ?

→ et faites gaffe, ça fait mal

D'abord, parce que ça va bien cinq minutes, de pas réfléchir plus loin que le bout de son pif. Si la personne semble (et on dit bien « semble ») le vivre bien, c'est quand même qu'il y a tout un contexte qui l'a habituée à penser que les femmes et les minorités de genre valaient moins que les hommes cis. Et que donc, au hasard, « ne pas être comme les autres femmes », c'est un giga compliment.

Ensuite, parce que beaucoup de ces personnes se rendent en partie compte de la supercherie, et décident de jouer le jeu. Parce qu'elles en tirent un certain bénéfice (franchement, dans ce cas, on leur souhaite même qu'il soit grand), parce qu'elles retournent le système sur lui-même, ou parce qu'elles sont fatiguées de relever ces geste ou remarques, et les laissent donc couler. On survit comme on peut, dans un univers sexiste. Et pas question d'apprendre aux gens qu'ils ne survivent pas comme il faut. Surtout que c'est toujours aux mêmes catégories de personnes qu'on dira qu'elles ne survivent pas comme il faut.

Fiche technique # 3

CHANGEONS D'ÉCHELLE !

La rhétorique foireuse du patriarcat, c'est l'ensemble des éléments de discours qui contribuent chaque jour à vous à vous maintenir dans un inconfort constant, un doute de soi permanent, pour vous rappeler votre place. Une place secondaire, évidemment, depuis laquelle il convient de s'excuser, de dire merci et de ne pas trop la ramener. De se sentir perpetuellement en faute, histoire de ne pas trop prendre de libertés.

Comme toute rhétorique, celle du patriarcat emploie de nombreux outils et canaux. Elle peut donc être interne (assimilée) comme externe (prononcée à votre encontre).

De la pub aux réunions de famille, des magazines au boulot.

Négligée ⟷ Superficielle

Trop discrète ⟷ Trop bavarde

Prude ⟷ Vulgaire

Soumise ⟷ Chiante

Idiote ⟷ Arrogante

On vous emmerde ⟷ Oui, là aussi

Toujours pareil ⟷ On vous emmerde, on vous a dit

Pas mieux ⟷ Lalalalalalalala

Ah... On est mieux... ⟷ Maintenant qu'on s'en fout !

Vos échelles de valeur ⟷ On s'en fait des allumettes

Observez les tableaux suivants. Que remarquez-vous ?

Ne dites plus…	… Mais :
Il faut que j'aie davantage confiance en moi.	Le fait d'être constamment rabaissé·e m'a marqué·e un brin, oui.
Je dois développer ma capacité d'adaptation	Si c'est inacceptable en l'état, c'est que ça doit changer.
Je ne suis pas assez souple.	Il est hors de question que j'accepte un système qui m'opprime.
Je ne suis pas assez souriante.	Ce monde me donne rarement envie de sourire.
Je dois mieux gérer mon temps.	Tout le monde a un rôle à jouer dans l'allègement des tâches.
Le sexisme ne rend pas les choses faciles.	Le sexisme, on va le cramer.
Tu pousses le bouchon un peu trop loin, Maurice.	Mes références commencent un peu à dater.

Ce que le patriarcat nous reproche	Du coup, être l'inverse, c'est bon alors ?
D'être trop ambitieuse	Bah non
D'être trop effacée	Non
D'être trop sexy	Houlà, non !
D'être trop exigeante	Toujours pas
D'utiliser nos « atouts » « féminins »	Non non non (et « non »)

Make-up tips !

S'y retrouver dans le monde incroyable des cosmétiques.

fig. 1 :

Devriez-vous vous maquiller ?.

↓

Avez-vous envie de vous maquiller ?.

- Oui → Vous pouvez vous maquiller si vous en avez le temps, l'énergie, etc.
- Non → Vous n'avez absolument pas à vous maquiller.
  → D'accord, mais au bureau ils disent que c'est plus professionnel…
  → Oui, mais au bureau, ce sont des blaireaux.

fig. 2 :

Vous trouvez-vous trop maquillé·e ?

→ Non → Vous n'êtes absolument pas trop maquillé·e.

Love yourself

Notez dans l'espace ci-dessous les personnes qui vous aident à lutter contre le sexisme, de quelque manière que ce soit :

Ma mère

mes soeurs LA DAME DU MARCHÉ

LA VENDEUSE DU TABAC DU COIN

LA CHAUFFEUSE DE BUS

MA PSY

la Belle au bois dormant, ma bff Aude !, mes cousines, mon frère, ma belle-mère,

ma bibliothécaire

BEYONCÉ

la Petite Souris

Ici vous pouvez noter les gens qui se sont bien foutu de votre gueule. À garder tout aussi précieusement. (La liste, pas les gens.)

mon ex MON EX-AMI, MON ANCIEN BOSS,

MA PREMIÈRE PSY

la plupart des ministres, la Belle au bois dormant,

le Père Noël

BAD MOOD-BOARD

Ici, collez toutes les choses que vous trouvez dans les médias ou autour de vous et qui vous rappellent que ben… c'est pas gagné.

• Comment bien s'habiller pour être prise au sérieux au travail

SHOPRIX
MONTY-SUR-BICHET
93 Avenue des Érables
99 121 BÉGLAN

GOUDA	1,63
YAOURT BRASSÉ	2,95
PÂTES COQ.	1,40
SAUCE TOMATE	1,95
SEMOULE BLÉ D.	2,20
COOKIES	3,40
RASOIRS FEMME PIC	4,95
RASOIRS HOMME PIC	4,20
TABOULÉ	-------
A payer	-------

A 5,5 % TVA

14.05.22 19:45

merci !

fête des mères

offre spéciale

-15 % sur notre gamme d'aspirateurs sans sacs !

10 exercices de muscu
POUR ÊTRE UNE BOMBE FIT ET PAS UN BONHOMME
spécial cul parfait
Journée de la femme
« je ne l'ai trompée qu'une fois »
VINCENT BREGOUZE
La douleur d'un homme injustement quitté
Katherine Smith
Hailee Ripperton
TOP
FLOP
WHO WORE IT BEST?
dentifrice pour femmes
5,27€

TO DO

Fiche de non-motivation

Dreaming about

HAPPY

écrivez vos cinq objectifs pour la semaine :

- ★ ~~faire au~~ faire au moins trois fois une heure d'exercice
- ★ faire un gâteau maison cinq étages pour l'anniversaire de Maëlle
- ★ ① démolir le plafond de verre ② repeindre le plafond de la cuisine :)
- ★ racheter une brosse à dents
- ★ rappeler à chéri qu'il doit prendre RDV chez le dentiste

Et maintenant

Accordez-vous de n'en atteindre AUCUN, parce que vous en faites déjà bien assez.

TO RIEN DO

☑ OBJECTIF NADA

QUE DALLE ★ CLUB ★

Fiche technique # 8

ENFIN la solution à vos problèmes !

1. Allongez-vous sur le sol, sur un tapis de yoga

2. Non en fait relevez-vous, c'est pas pratique.

3. Réfléchissez à toutes les normes que vous êtes censé•e suivre. Notez toutes ces injonctions sur papier, sinon ça va faire cher la démarche.

4. Cramez la liste. Vous comprenez pourquoi c'est mieux de ne pas l'écrire sur l'ordi ou sur le téléphone ?

5. Devant un miroir, ou un épisode de série où le mec n'arrête pas de vous saouler, répétez : « Je suis comme je suis, et j'emmerde le monde. »

COMMENT BIEN COMMENCER & FINIR VOTRE JOURNÉE

Affirmations à répéter devant le miroir (ou devant votre café, dans un demi-sommeil) :

Je suis exactement qui je suis.

Je n'ai pas atteint la perfection, et ça va.

Je ne suis pas sans contradictions, car personne ne l'est.

La lutte collective me développe aussi du point de vue personnel, alors que l'inverse n'est pas nécessairement vrai…

Des proverbes à afficher sur le frigo ou dans la salle de bains pour bien commencer la journée :

Quand on veut, on ne peut pas toujours.

Une hirondelle ne fait pas non plus l'hiver.

On n'est jamais mieux servi·es que par l'action collective.

Aide-toi, le ciel ne t'aidera peut-être pas, mais tu auras essayé.

Après l'effort, la métaphore.

Qui aime bien, ne châtie rien

Qui ne dit mot ne consent absolument pas.

Qui ne risque rien n'a rien, mais ce serait quand même bien qu'il n'y ait pas toujours à risquer autant

Afin de vous endormir tous les soirs paisiblement, faites ces quelques gestes simples :

buvez un grand verre d'eau

regardez la poussière sur la table de chevet en vous disant que franchement, ça peut laaaargement attendre demain

Et aussi, rappelez-vous ces rares instants de volupté :

Cette fois où en réunion, on ne vous a pas demandé d'affirmer davantage votre position, afin de totalement vous ignorer jusqu'à ce qu'un mec lambda répète exactement la même chose et qu'on le prenne en compte de suite.

Cette fois où on ne vous a pas reproché d'être trop maniaque, pour ensuite brailler qu'il n'y avait plus une chemise de propre…

Cette fois où on ne vous a pas dit que vous devriez vous faire plaisir au restau plutôt que d'enchaîner les salades, pour ensuite vous raconter par le détail pourquoi une telle était vraiment beaucoup trop grosse.

Si compter les moutons ne marche pas pour vous, comptez le nombre de coups de boule que vous voudriez mettre à la dernière personne qui vous a humilié·e !

PARLER DE FÉMINISME À DES HOMMES CIS HÉTÉROS :

une base mathématique

FEEL-GOOD MOMENT

Temps maximal qu'il est possible de passer sans qu'ils viennent vous dire comment vivre votre vie : 4h32 *

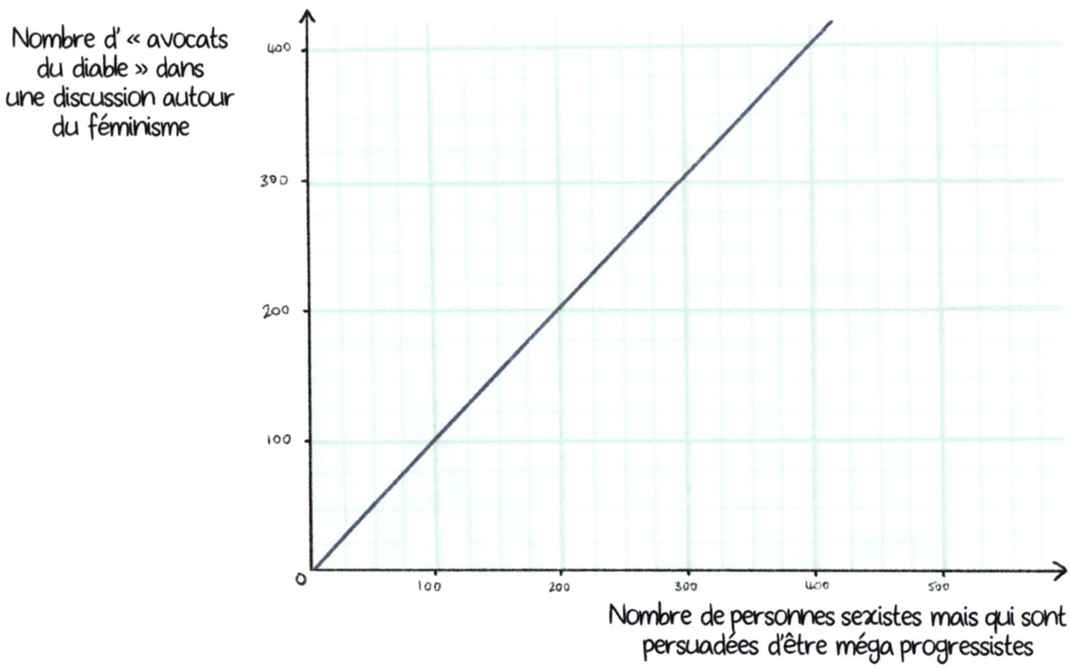

* Étude réalisée par l'Insee, Institut nocturne du sexisme éternellement éveillé

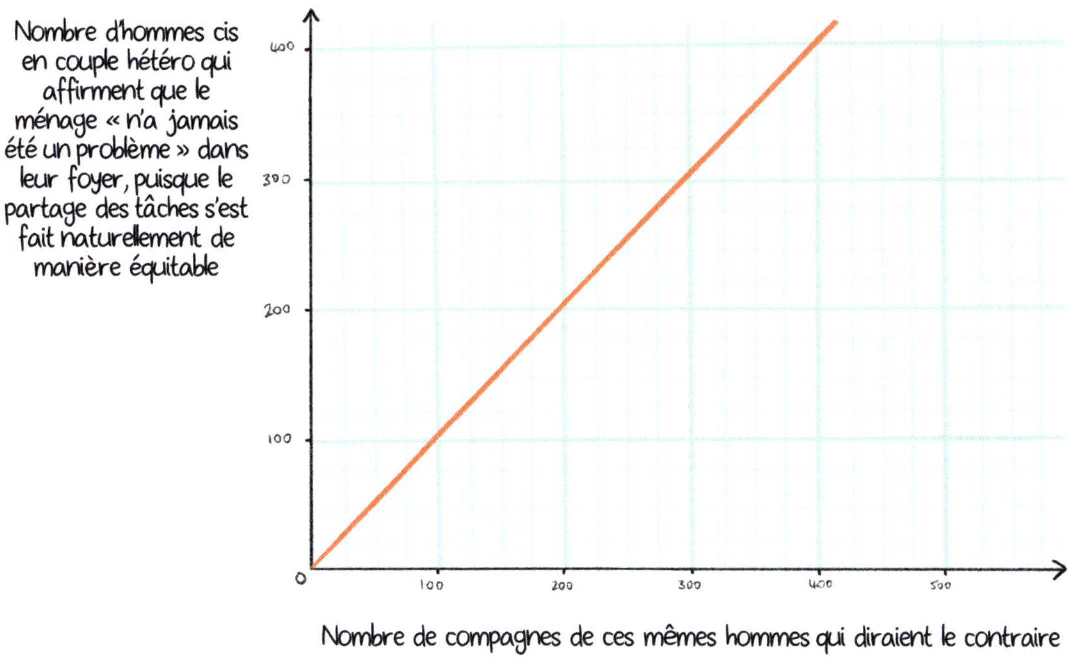
Nombre d'hommes cis en couple hétéro qui affirment que le ménage « n'a jamais été un problème » dans leur foyer, puisque le partage des tâches s'est fait naturellement de manière équitable
400
300
200
100
0
100
200
300
400
500
Nombre de compagnes de ces mêmes hommes qui diraient le contraire

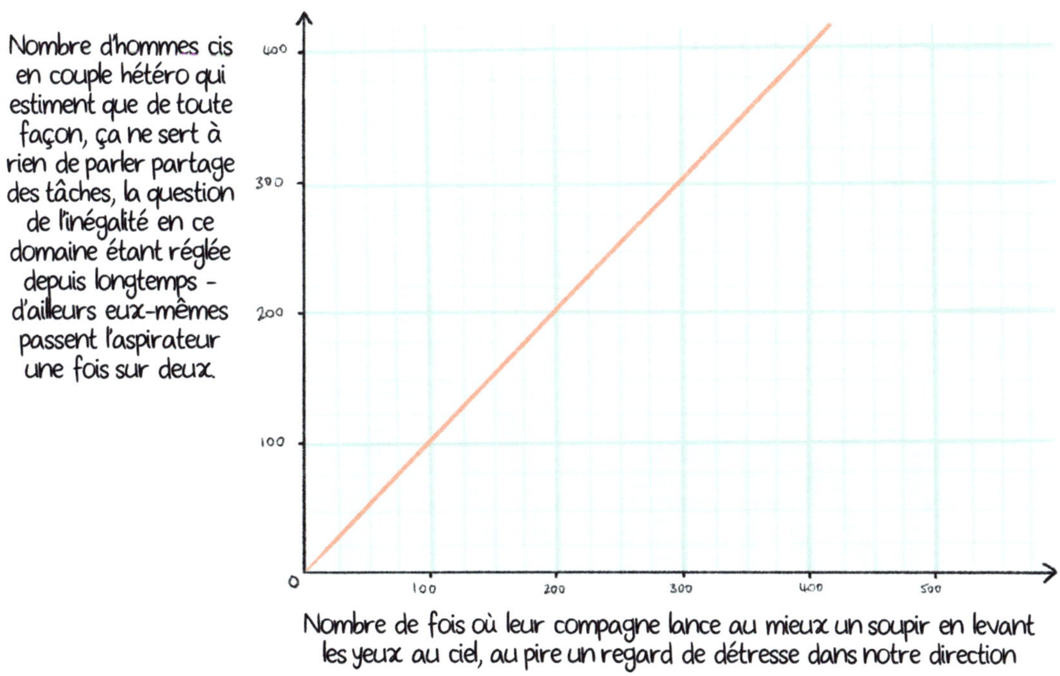
Nombre d'hommes cis en couple hétéro qui estiment que de toute façon, ça ne sert à rien de parler partage des tâches, la question de l'inégalité en ce domaine étant réglée depuis longtemps - d'ailleurs eux-mêmes passent l'aspirateur une fois sur deux.
400
300
200
100
0
100
200
300
400
500
Nombre de fois où leur compagne lance au mieux un soupir en levant les yeux au ciel, au pire un regard de détresse dans notre direction

Fiche technique # 11

BINGO du de toute façon on aura toujours TORT

Lors de votre prochaine séance Twitter ou soirée télé, armez-vous de ce bingo. Cochez les phrases écrites ou prononcées dans la grille ci-dessous…

Une ligne, une colonne ou une diagonale remplie et c'est gagné ! Et le lot gagnant, c'est d'aller vous coucher…

C'est dommage qu'elle mette un décolleté, ça fait vulgaire.	De toute manière, on sait comment elle est arrivée là…	Elle serait plus jolie si elle perdait quelques kilos.	C'est sa faute aussi, elle ne s'affirme pas assez.	De toute façon, c'est une mal baisée !
C'est dommage qu'elle ne mette pas de décolleté, ça fait coincée.	De toute manière, c'est un dragon.	Elle serait plus jolie si elle se maquillait.	C'est sa faute aussi, elle est trop agressive.	De toute façon, c'est une salope !
Elle serait plus convaincante si elle n'était pas habillée en jupe.	Elle ne devrait pas être agressive comme ça.	Elle serait plus jolie si elle ne se maquillait pas autant.	C'est sa faute aussi, tu as vu comment elle s'habille ?	De toute façon, je ne ferai pas confiance à une femme !
Elle serait plus convaincante si elle ne s'habillait pas comme un mec.	Elle ne devrait pas être soumise comme ça.	Elle serait plus jolie si elle n'était pas aussi musclée.	Non mais on les connaît, les femmes comme elle…	Elle au moins c'est une vraie femme, avec ses formes, là.
Attends mais c'est une femme, ça ?	Attends mais c'est un homme, ça ?	Attends mais ça veut rien dire, « non binaire » !	Non mais on ne sait jamais ce que ça pense, des femmes comme elles…	De toute façon, le plus dur aujourd'hui, c'est d'être un homme.

Fiche technique # 12

Est-ce qu'être féministe, ça veut dire ne critiquer QUE les hommes cis ?

On ne va pas se mentir, on aimerait bien Ça faciliterait pas mal de choses, et ça limiterait l'épuisement lié à la lutte. Mais non.

Certaines personnes autres que des hommes cis blancs (et notamment des femmes cis blanches bénéficiant de certains privilèges) peuvent elles aussi participer dans la joie et l'odieuse bonne humeur aux processus d'exclusion et de discrimination (d'ordre sexiste, mais aussi raciste, classiste, validiste, transphobe, lesbophobe, et la liste est encore longue...).

On ne parle pas d'une personne qui a intériorisé des injonctions sexistes. On parle de celle qui veut les imposer à tour de bras autour d'elle.

On parle du fait qu'il n'y a pas de féminisme d'extrême droite. C'est une contradiction dans les termes. Parce qu'on ne défend pas qu'une catégorie de femmes, quand on est féministe.

Le pire, c'est que les personnes qui y croient pourtant seront peut-être (sûrement) aussi victimes des structures qu'elles veulent mettre en place. On apprend si bien la haine de soi, quand elle prend pour tremplin la haine des autres.

Une femme, personne non binaire ou personne queer qui exploite, rejette ou stigmatise d'autres personnes minorisées, on n'a aucune envie d'aller l'applaudir.

Parce qu'on ne veut pas d'une lutte antisexiste à géométrie variable, ni d'une lutte qui fait l'économie d'une réflexion sur la complexité du monde.

Les gens qui pensent qu'il y a des personnes victimes de sexisme qui méritent d'être plus défendues que les autres (parce qu'elles sont blanches, parce qu'elles sont au pouvoir, parce qu'elles sont riches...), comment vous dire... ? Non.

Ce qu'on évitera soigneusement, cependant, car on le voit encore trop souvent, c'est que la critique qu'on exprime vis-à-vis de cette personne soit également sexiste. Car alors on n'a pas le cul(ot) sorti des ronces...

Oui, on fera au mieux. Parfaitement, non. Au mieux.

Parce que bien sûr que parfois on dira des conneries.
Que parfois on fera des erreurs.
Que parfois on s'exprimera de travers, qu'on se reprendra pour se corriger et qu'on fera encore pire. (Ouch, ça pique...)

On essaiera d'apprendre.

En ne se disant jamais que ça y est, trop bien, sortez les cotillons, on a atteint la ligne d'arrivée du combat antisexiste.
Parce qu'il n'y a pas d'arrivée.
Simplement quelque chose vers quoi l'on tend, face à une rhétorique en constante adaptation pour nous maintenir entre le « trop » et le « pas assez ».

Pour nous filer en intraveineuse le sentiment permanent d'inadéquation.

Ce qu'on fera ?
On fera circuler la réflexion, avec tout ce qu'elle a d'ambigu, de mal exprimé, de maladroit.

On fera circuler nos changements d'avis, aussi. Parce qu'on changera d'avis sur un paquet de trucs, à mesure qu'on en apprendra...

On fera au mieux, mais surtout, ce mieux-là, on le fera ensemble. Car notre plus grande force résidera toujours dans le collectif.

Toujours.

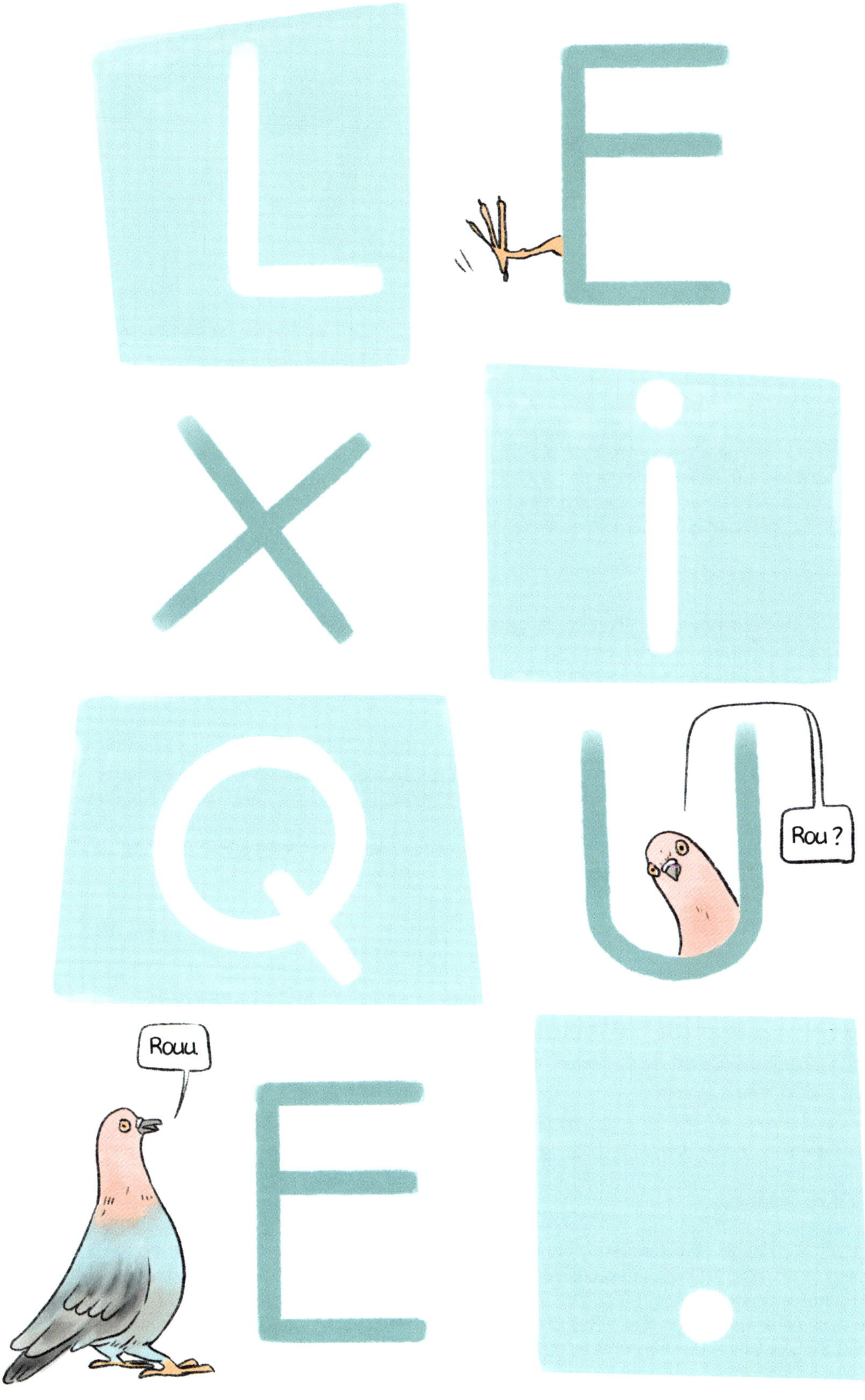
LExiQUE.
Rou ?
Rouu

Activisme

Voir *Militantisme*
(ça commence bien, ce lexique…)

Autrice

Forme féminisée du nom « auteur », qui empêche encore certaines personnes de dormir. À La Traverse on l'utilise dès qu'on écrit ne serait-ce qu'une note sur un Post-it.

Charge mentale / émotionnelle / sexuelle

Charge portée par les femmes pour que les hommes cis puissent fonctionner, sans ça on dirait qu'ils sont perdus. Peut aller de « rappeler à chéri l'heure à laquelle récupérer les mômes chez la nounou » à « lui préparer un sac avec des snacks et de la lecture pour qu'il ne s'ennuie pas et ne perde pas tous ses repères pendant qu'on sera en salle d'accouchement ».

Cisgenre (souvent abrégé en « cis »)

Se dit d'une personne dont l'identité de genre correspond à celle qu'on a déclarée à sa naissance. Est cisgenre une femme dont le livret de famille a la mention F et dont les dossiers médicaux, aussi lointains soient-ils, ont toujours mentionné un numéro de sécurité sociale commençant par le chiffre 2

Discrimination

Terme parfois employé (à tort) par certains hommes quand ils s'indignent de devoir payer leur entrée en boîte, alors que pour les meufs, elles, c'est gratos. Pourtant, ces gens doués en économie devraient le savoir : y a pas grande motivation à aller les rencontrer en boîte, si en plus il fallait payer pour… Rappel : prenez-le par le bout que vous voulez, il ne peut y avoir discrimination lorsqu'on occupe une place sociale et économique dominante dans la société.

Double standard

Explication scientifique des situations suivantes :

- Un mec qui cuisine une fois dans sa vie est porté aux nues, alors que l'épouse/la maman/la sœur, c'est normal qu'elle s'y colle, non mais oh.
- Un homme s'occupe de son bébé, c'est un héros. Une femme s'occupe de son bébé, c'est normal, c'est quand même sa mère.
- Un homme obtient une augmentation, on lui paie le champagne. Une femme obtient une augmentation, on se demande si elle est passée sous le bureau.

Écriture inclusive

Façon formidable et puissamment créative qu'a la langue d'être en perpétuel mouvement afin de questionner nos propres normes, intégrées à coups d'ouvrages de grammaire : « Le masculin l'emporte. » Comme grâce à l'écriture inclusive, il ne l'emporte plus (parce que c'était déjà complètement absurde cette histoire, en plus d'être une bêtise d'ordre historique), on peut s'amuser à mettre des points médians, des lettres supplémentaires et autres joyeusetés qui font frémir d'angoisse les réactionnaires.

Genre

1 Terme qui a failli faire s'écrouler l'Université française et imploser la croûte terrestre, à en croire ses *haters*.

2 Division illusoire mais super rassurante qui ferait des femmes et des hommes deux groupes totalement opposés et hiérarchisés, et devant se conformer à tout un ensemble de stéréotypes.

3 Non, ce n'est pas un synonyme de « sexe ».

4 Contrairement à une idée reçue qui les oppose souvent (le genre serait la culture, le sexe, l'indiscutable élément biologique), le « sexe », est lui aussi culturellement construit.

Harcèlement

Acte de nombreux hommes cis persuadés d'être dans leur bon droit (ou se sachant pertinemment enfreindre la loi, mais bénéficiant d'un immense sentiment d'impunité) en exerçant une pression répétée et continue sur des femmes et personnes sexisées, que ce soit pour humilier, obtenir des faveurs sexuelles, exiger une forme d'attention particulière, se prendre pour un bonhomme.
Il peut arriver au travail, dans la rue, à l'école, dans le cadre familial, et tout autre cadre de relations sociales.
Souvent confondu avec du romantisme quand un type s'est fait larguer et s'attache à démontrer à son ex tout l'amour éperdu qu'il a pour elle, en l'appelant 25 fois par jour, en remplissant son WhatsApp, en sonnant à sa porte, en venant la chercher sur son lieu de travail, en pistant ses amies.
Souvent impuni par la loi.

Hétéronormativité

1 Fait qu'on demande encore à des petites filles de quatre ans : « Alors, c'est qui ton amoureux ? » parce qu'une amoureuse, franchement, ça ne nous viendrait même pas à l'esprit, et que la maternelle, c'est bien connu, c'est *Les Feux de l'amour*.

2 Mode de pensée imposé par la force et la répétition, depuis les contes de l'enfance jusqu'aux blockbusters, ne parvenant pas à penser les relations humaines hors de l'éternel duo amoureux (ou du moins sexuel) homme-femme.

3 Raison pour laquelle, si tu es une fille, tes parents ne voudront jamais te laisser dormir chez un copain, alors qu'avec ta meilleure amie tu prends des bains sans que ça surprenne personne.

Identité de genre

Expérience personnelle de notre appartenance ou non à un genre, qui ne s'arrête pas à la binarité qu'on nous a si bien apprise : être un homme, une femme, une personne non binaire, agenre... L'identité de genre ne se lit pas sur les vêtements, les traits du visage ou la morphologie, c'est un sentiment profond d'appartenance, et le fait que certaines personnes ne soient pas d'accord avec l'existence même de cette notion n'y change rien – comme ne pas croire que la Terre est ronde ne vous empêchera pas de faire le tour du monde.
L'identité de genre est malheureusement souvent imposée par les normes et/ou la force et la répression.
N. B. : il y aura toujours un blaireau dans la salle pour se croire malin en disant qu'il s'identifie à un écureuil. Lui dire que c'est marrant, parce qu'il a effectivement une sacrée tête de gland.

Injonction

Consigne ou ordre, plus ou moins subtil et plus ou moins explicite, de se conformer à un comportement donné. A pour conséquence directe d'empêcher les gens d'être libres. Limite l'identité sévèrement.
Les injonctions pesant sur les femmes sont nombreuses : être mince, être belle, faire preuve de retenue, sourire même aux parfaits inconnus qui sinon, vous comprenez, pourraient se sentir vexés, faire des enfants mais ne jamais s'en plaindre, être sexuelle juste ce qu'il faut pour n'être ni mal baisée, ni une salope…
Ces injonctions peuvent être contradictoires, mettant les personnes qui en sont la cible dans une constante situation d'inconfort. Il ne faudrait quand même pas qu'elles puissent kiffer leur vie.

Intersectionnalité

Notion que l'on doit au *black feminism* et à la chercheuse Kimberlé W. Crenshaw, exprimant le fait que l'identité étant complexe et liée à plusieurs assignations sociales, plusieurs facteurs entrent en compte dans la définition de notre propre situation en ce qui concerne les structures de pouvoir. Ainsi, une femme noire vivra une discrimination renforcée, car elle subira à la fois le sexisme et le racisme, alors qu'une femme blanche bénéficiera d'un certain privilège, et ne se verra pas refuser un emploi ou une augmentation en raison de son appartenance raciale.

Militantisme

Fait de lutter pour des idées qui promeuvent la solidarité et réclament plus de justice sociale sous quelque forme que ce soit. Attention, ne pas dire « militant d'extrême-droite », mais bien « facho ».

Mixité / Non-mixité

Fait de se retrouver en public concerné pour discuter de certaines questions ou passer simplement un moment ensemble, afin d'éviter notamment de devoir gérer la propension des personnes non concernées à tout ramener à elles, ou de devoir poursuivre son éternel rôle éducatif alors qu'on préférerait nettement profiter du film.
Une soirée en non-mixité féministe a tendance à faire rappliquer tous les hommes cis du coin, qui d'habitude ne montrent pas le moindre intérêt pour cette lutte. Peut donc être un éminent outil marketing pour votre événement, qui ne va malheureusement pas sans harcèlement en ligne ou en personne toutefois.

Oppression

Ostracisation, persécution, mise en place et maintient d'une inégalité des droits… L'oppression est la subordination d'un groupe social (défini par son genre, sa race, sa classe, etc.) par un autre. Cet asservissement trouve son constant renforcement dans un système qui pèse lourdement avec violence et autorité.

Orientation sexuelle

Attirance affective, émotionnelle et/ou physique pour les personnes d'aucun, un ou plusieurs genres donnés. Exemple : hétérosexuel·le, gay, lesbienne, bisexuel·le, pansexuel·le, asexuel·le…

Patriarcat

1 Sujet de ce bouquin (parce que, qu'on le veuille ou non, il définit quand même nos vies, bordel de m*rde !).

2 Système social dans lequel les hommes cis détiennent le pouvoir, qu'ils exercent la plupart du temps comme des tanches, en jouant à qui pisse le plus loin. Ça servait bien à quelque chose d'installer des pissotières partout.
Comme le pouvoir est multiple, ça ne leur suffisait pas non plus de choisir un domaine et de s'y tenir, donc le patriarcat ratisse large et écrase tout ce qui n'est pas un homme cisgenre, que ce soit dans le domaine politique, économique, judiciaire, religieux – et on s'arrête là parce que c'est déjà déprimant.

Queer

Terme qui au départ était une insulte homophobe outre-Manche, retournée et détournée par les personnes qu'on insultait pour se revendiquer fièrement d'une identité autre que celle imposée par notre société hétéronormative. Elle met du même coup une bonne balayette à un fondement misogyne, qui vise en particulier ce que l'on considère comme efféminé.

Racisme

Contrairement aux idées reçues (et surtout envoyées), il n'existe pas à l'envers. Idéologie immonde et historiquement très bien ancrée faisant de la « race blanche » la norme absolue en matière d'intelligence, de beauté et de supériorité, ce qui fait que toute personne n'y appartenant pas se retrouve de fait immédiatement en position inférieure socialement.
À d'infinies manières de s'exprimer, allant de l'assassinat par les forces de l'ordre (et non, pas qu'aux États-Unis) à la ségrégation, au refus d'embaucher des personnes non blanches, aux blagues ahahah pas drôles pour un rond mais qui rassurent les puissants.

Sexisme

Croyance en une supériorité d'un genre ou d'un sexe sur un autre, donnant lieu à la formation perpétuelle de stéréotypes, préjugés, et à de multiples formes de discrimination et de violence.
Attention, des discours apparemment flatteurs peuvent être puissamment sexistes. Exemple : « T'es vachement sympa, pour une fille ! »

Stéréotype de genre

Denrée importante des livres pour enfants qu'heureusement de nombreuses autrices et auteurs foutent en l'air. Élément essentiel des pubs pour la vaisselle, en tout cas jusque dans les années 2000.
Fait d'enfermer une personne dans son genre avec tout ce que cela a de plus restrictif et caricatural. Une femme sera forcément calme, douce et peu portée sur les sciences ; un homme nécessairement costaud, sans émotions et doué en maths. Ces stéréotypes ont pour effet de considérablement influencer certains parcours, de restreindre des personnalités et de limiter des potentiels.
Attention aux raccourcis : vous pouvez être une femme calme, douce et détester la physique sans incarner pour autant un stéréotype. Ne faites pas attention à Jean-Claude, qui se la joue méga déconstruit mais donne librement cours à sa misogynie en prétendant vous « libérer » !
De plus, parce que ces stéréotypes visent à renforcer une hiérarchie soi-disant fondatrice, ce que l'on perçoit comme « féminin » est dévalorisé au profit de ce qui est perçu comme « masculin ». Cet autre raccourci fait beaucoup de mal en nous poussant à intérioriser que les « trucs de fille » sont à éviter.

Violence sexiste et sexuelle

Consiste en une longue liste de risques qu'il y a à simplement exister quand nous avons le malheur de ne pas être un homme cisgenre. Les violences sexistes et sexuelles se répartissent sur un large spectre, allant de l'insulte au viol, du commentaire malfaisant dans la rue aux coups répétés dans l'espace du foyer. Le point commun de ces violences est le rapport de pouvoir qu'elles expriment, renforcent et perpétuent : l'ordre sexiste. Elles peuvent être exercées par un conjoint, un ami, un parent, comme par un parfait inconnu.

Transgenre

Se dit d'une personne dont l'identité de genre ne correspond pas à celle qu'on a déclaré à sa naissance en fonction de ses organes génitaux. Est transgenre une femme dont le livret de famille a auparavant contenu la mention M, et dont les dossiers médicaux ont d'abord mentionné un numéro de sécurité sociale commençant par le chiffre 1.
A tendance a faire paniquer sévèrement les gens qui ne sont de toute façon pas concernés, donc de quoi se mêlent-ils ???

BONUS

Les références bibliographiques de la page 22

- *Fuck le patriarcat ! : les 7 péchés pour prendre le pouvoir*, Mona Eltahawy, traduit par Samuel Todd, Massot éditions, 2021.
- Discours de Malala Yousafzai prononcé lors de l'Assemblée des nations unies pour la jeunesse, traduit par Amnesty International, 12 juillet 2013.
- Toni Morrison dans un entretien sur le racisme en 1975, traduit par Richard Hétu sur son blog : richardhetu.com.
- *La Puissance des mères : pour un nouveau sujet révolutionnaire*, Fatima Ouassak, La Découverte, 2020.
- *Bad Feminist*, Roxane Gay, traduit par Santiago Artozqui, Éditions Points, 2019.

REMERCIEMENTS

En chœur

Un méga merci à Julie Finidori, notre agente, qui nous a présentées l'une à l'autre et nous a encouragées, avec art et patience, contre vents et *deadlines*.
À Juliette Magro, éditrice, d'avoir cru en notre projet et de l'avoir mené jusqu'où il est actuellement (c'est-à-dire entre vos mains).
À Morgan N. Lucas pour sa relecture sensible, et pour l'espace d'échange, de réflexion et d'action qu'un tel travail permet de créer.
À toute l'équipe de Mango Éditions, car un livre est toujours un effort collectif !

De la part de Claire

Merci à Guillaume, pour le soutien dans absolument tout, des premiers gribouillis aux promenades par - 15 degrés avec Abel.
Christian, Jean-François et Hélène, pour avoir pris soin de m'ôter de la charge mentale pendant mon séjour en France.
Les ami·es de Montréal, qui ont suivi de près l'évolution du projet, du chalet d'été à aujourd'hui.
Catherine, Charles-Alexandre, Félixe et Sophie (et Miaoumix), merci d'être les voisin·es les plus cool du monde et d'avoir offert votre temps, votre avis et votre table pendant toute cette année.
Enfin, merci Lou pour tes textes, tes retours toujours motivants, tes pigeons multiples, les coups de fil Québec-Angleterre et surtout, le fun de bosser avec toi !

De la part de Lou

Merci à ma famille d'avoir fait de la BD un élément quotidien en en laissant traîner partout. Je demande solennellement pardon à tous les bouquins qu'on a déglingués à force de les trimballer partout et de manger avec.
Merci à la bibliothèque municipale de mon enfance et ses rayons BD que j'ai épluchés dans tous les sens.
Merci à toutes les équipes des bibliothèques, librairies, événements... qui mettent en avant le travail des autrices.
Surtout, merci à toi, Claire, d'avoir ouvert aussi grand les portes de ton imagination pour donner corps et vie à ces personnages, et merci de m'avoir autant appris (et d'avoir dessiné plein de pigeons) !

Kit d'urgence
pour venir nous voir :

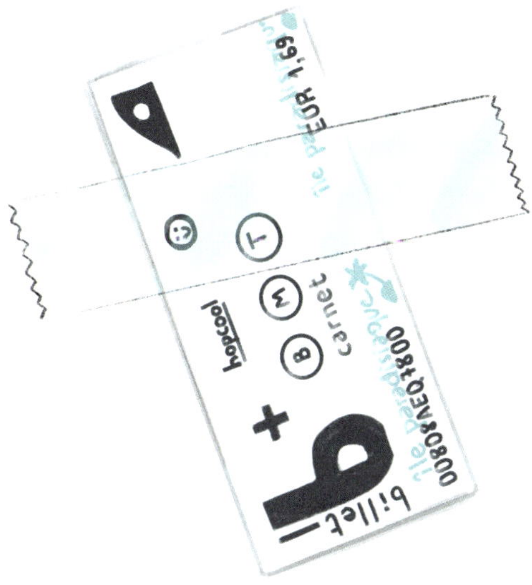

↳ au Studio,
métro La Plaine-Lumière
(ligne 19)

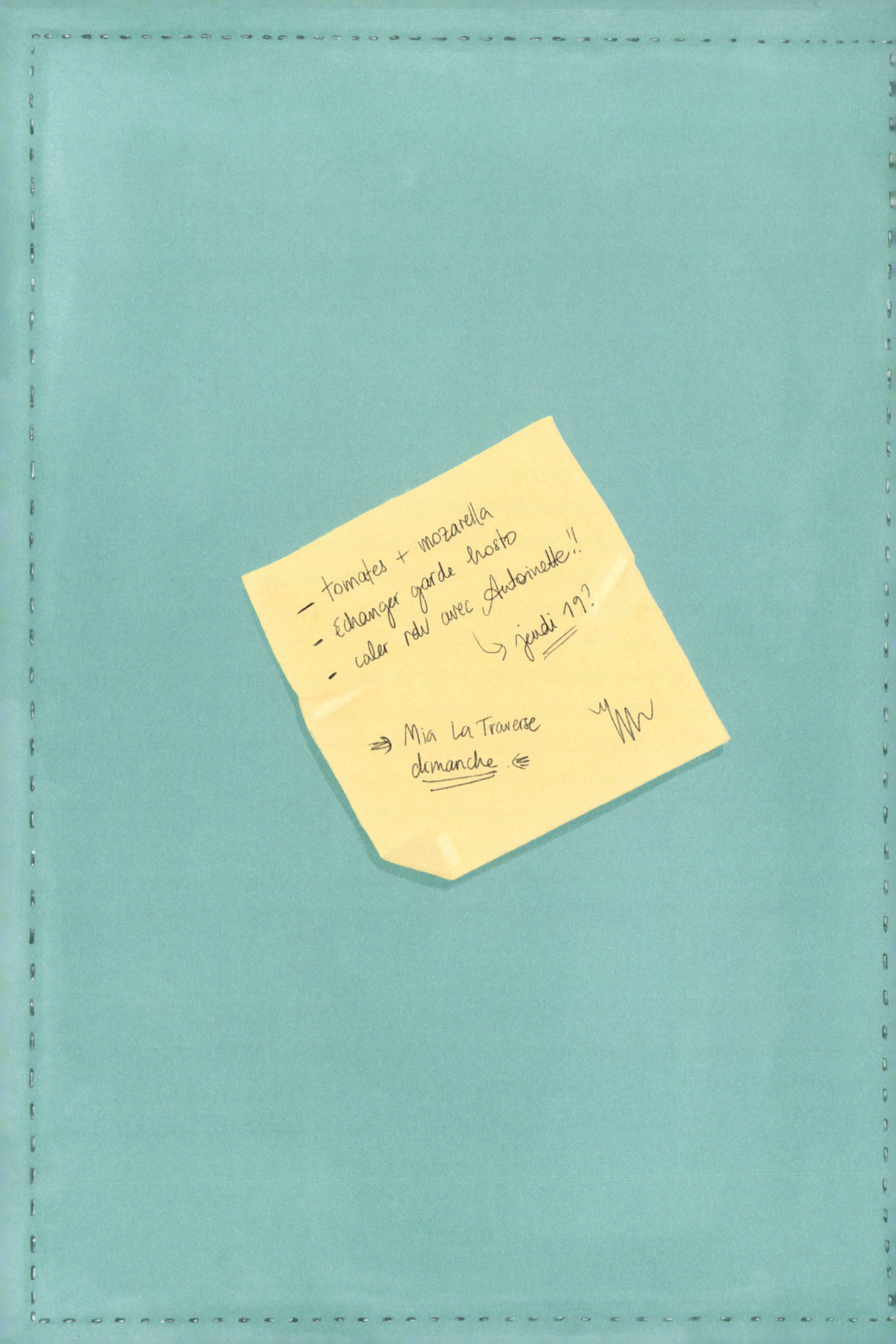
- tomates + mozarella
- Échanger garde hosto
- caler rdv avec Antoinette !!
jeudi 19 ?
Mia La Traverse
dimanche

Direction : Guillaume Pô
Direction éditoriale : Tatiana Delesalle
Édition : Juliette Magro
Relecture sur épreuves : Le champ rond
Relecture sensible : Morgan N. Lucas
Direction artistique et couverture : Sylvaine Beck
Création graphique et mise en pages : Élise Bonhomme
Direction de fabrication : Thierry Dubus
Fabrication : Juliette Darriere et Gwendoline da Rocha

1re édition
N° d'édition : M22154
ISBN : 978-2-3170-2954-7
Code MDS : MN29547

Achevé d'imprimer en août 2022
par Graphycems en Espagne

FSC www.fsc.org
MIXTE
Papier issu de sources responsables
FSC® C007507

Ce livre s'inscrit dans une démarche écoresponsable. Il est composé de matériaux issus de forêts bien gérées, certifiées FSC® et d'autres sources contrôlées. Cette certification garantit une empreinte carbone réduite et une gestion raisonnée de la forêt, qui maintient la biodiversité et protège les écosystèmes. Il est imprimé avec des encres à base d'huile végétale. Il a été imaginé et conçu en France et imprimé en Europe.